揭秘历史，解开古今中外悬疑
还原真相，开启青年一代智慧之

U0595156

中国历史文化

未解之谜

淑子◎编著

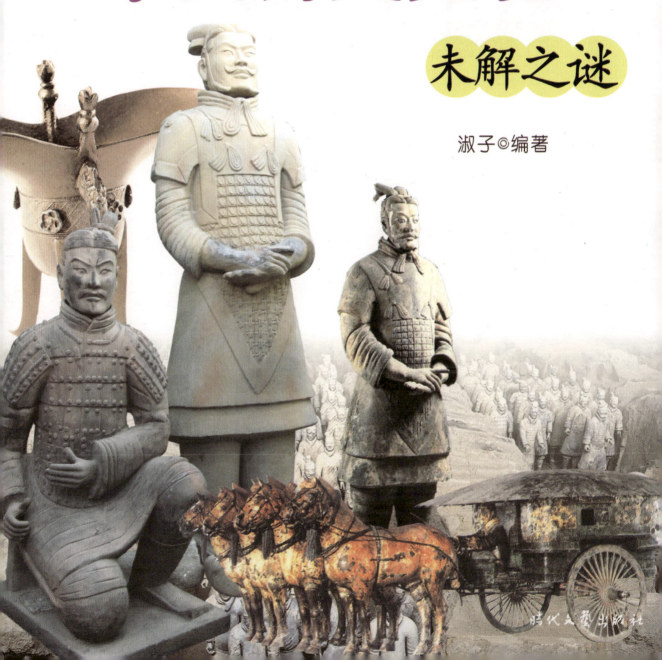

时代文艺出版社

图书在版编目（CIP）数据

中国历史文化未解之谜/淑子编著. —长春：时代文艺出版社，2009.4
（博览天下丛书）
ISBN 978 - 7 - 5387 - 2678 - 7

Ⅰ. 中... Ⅱ. 淑... Ⅲ. 文化史—中国—普及读物
Ⅳ. K 203—49

中国版本图书馆 CIP 数据核字(2009)第 050715 号

中国历史文化未解之谜

编　著	淑　子
出 品 人	张四季
责任编辑	曾艳纯　周玉兰
出　版	时代文艺出版社
地　址	长春市泰来街 1825 号　邮编：130011
电　话	总编办：0431 - 86012927　发行科：0431 - 86012952
网　址	www. shidaichina. com
印　刷	大厂回族自治县正兴印务有限公司
发　行	时代文艺出版社
开　本	605 ×1025 毫米　1/16
字　数	230 千字
印　张	13
版　次	2009 年 5 月第 1 版
印　次	2009 年 9 月第 2 次印刷
定　价	22. 00 元

目录
CONTENTS

自然遗产之谜

文化艺术之谜

民俗文化之谜

历史事件之谜

自然遗产之谜

ZIRANYICHANZHIMI

中国历史文化未解之谜

殷墟之谜
YINXUZHIMI

殷是商代晚期都邑〔yì〕，位于今河南安阳西北恒河两岸。据史书记载，商代早期"殷人屡迁……自盘庚徙殷至纣之灭二百七十三年，更不徙都。"商灭亡以后，殷渐归荒废，被称为殷墟。

▶▶▶ ·扑朔迷离的殷墟·

殷墟遗址东西长约6公里，南北宽约4公里，面积共约24平方公里。19世纪末20世纪初，该地因发现龙骨（即刻有文字的甲骨）而为世人瞩目。1928年起，考古工作者开始在此进行发掘，至今仍有专门的文物考古工作队在那儿工作。殷墟考古成果甚丰，出土了约15万片刻字用骨以及许多精美的青铜器、玉器和陶器，还发现了宫殿、宗庙、王陵与陵墓，以及人殉〔xùn〕、人祭坑等。这些发现为人们了解商代社会与历史提供了许多珍贵资料，但由此也产生了不少疑团。

▶▶▶ ·殷墟有否城墙·

从世界各地情况来看，古代文明城市都有城墙，早于殷墟的郑州商城也有四面城墙。与此相对，殷墟压根儿不像一个城镇。许多学者认为宫殿区外边的大壕沟具有防御功能，有城墙的作用，但两者毕竟不是一回事。殷墟到底有没有城墙？如果有而未被人发现，它会在哪里？和阗〔tián〕玉产自遥远的边疆，但在殷墟屡有发现，它是通过什么途径流入中原的？对殷王朝的人种属系至今未有一致意见。西王岗王陵祭祀坑中的殉葬者是殷人同族还是异族？宫殿宗庙前的人祭，一些学者认为是一支编制完整的军队，这是不是一次献俘典礼？史载盘庚迁殷，但到底有无小卒、小乙的卜辞？商代末王是纣（即帝辛），他的卜辞是否存在于殷墟也是一个争论不休的问题。有人据此提出了更大的疑问：盘庚是否迁殷？帝辛是否迁过都？什么是真正的武乙、文丁卜辞？殷墟墓地上的建筑为何发现得这样少？墓上建筑，是祭祀墓主的"享堂"，还是便于墓主灵魂饮食起居的"陵寝"？类似问题还有不少，至今仍令人困惑不解。

商人原居住地之谜
SHANGRENYUANJUZHUDIZHIMI

商朝是我国历史上继夏之后存在时间较长的一个王朝，自公元前 17 世纪商汤灭夏后建立国家，至公元前 11 世纪商王纣被周武王攻灭，共传 17 世、31 王，历时 600 年左右。但是，在灭夏之前，商人居住在何处呢？

·多种意见·

关于这个问题，学术界历来有争论。汉人郑玄认为商的祖居地在"太华之阳"，皇甫谧〔mì〕以为在"上洛"，许慎说在"京兆"，这些地方都在今陕西境内。近代学者王国维认为商指河南商丘，现代著名史家范文澜、郭沫若均同意此说。

·贝加尔湖说·

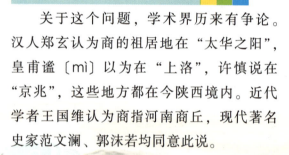

近来新的说法不断问世，有人重提"山西是商族的摇篮"，有人提出商人源于贝加尔湖一带。该说倡导者认为，从安阳殷墟殷王族的头骨看，它们一般都比较粗壮，颅骨较低，面部较宽，鼻根较高，前额后斜，这些特征与在西伯利亚南部贝加尔湖一带的头骨遗存比较相似，而与史前华北人、现代华北人有较大的差异。结合文献记载来考察，商人的起源可能就在贝加尔湖一带，来源于北亚蒙古人种。此外，

商人的始祖传说和满族始祖传说雷同，都说自己是玄鸟的后代，又据考古资料和文献，商族祖先曾在女真人原住地活动过。此外，从商人留下的的"亳〔Bó〕"、"殷"等古地名来看，亳字像人穴居状，是殷代早期穴居状况的反映，这与鲜卑语称"家"、"房子"为 bo 或 bao，女真语称"房"为 bogo 等相似。"殷"字不见于甲骨文，后世使用"殷"字的地方，甲骨文中都用"衣"字。从"衣"的甲骨文形状看，上为覆盖的房顶，下为地穴，应是一种居住物，这与满语称岩穴加叶鲁和史籍所说的东北地区有穴居古族挹〔yì〕娄相近。凡此种种均说明，商人祖先原来住在贝加尔湖一带，原系讲阿尔泰语系，后来他们逐渐南迁，在夏朝末年入主中原，随之改用了当地流行的汉藏语系的语言。

贝加尔湖说固然自成一家之言，但它能否站得住脚，尚待进一步检验。

曾国之谜
ZENGGUOZHIMI

ZHONGGUOLISHIWENHUAWEIJIEZHIMI

曾国在我国历史上是一奇特而难解的谜。它的各方面情况在《左传》及后世史书中几乎毫无记载，但它的器物，在后世屡有发现，宋代时的著录中就有所谓曾国的青铜器。1978年，文物考古工作者在湖北随县擂鼓墩发掘出一座春秋战国时代的曾侯乙墓。这一考古发现证明历史上确实存在过曾国，但曾国之谜仍未能解开。

>> ·曾国就是随国·

有人认为，曾国就是史籍记载中的随国。首先，综合史籍和考古资料来看，曾国出土文物及其反映的情况与屡见于史籍的随国情况相同，同时汉水淮河之间各小国中能够残存到战国初年的惟有随国；其次，1970年在随县出土了一组铜器，器主"曾伯文"，1978年发现的曾侯乙墓，墓主曾侯，都是曾国国君。按照当时的葬俗，国君死后葬在国都，而随县正是随国的国都所在；再次，从考古发现看，曾国属于姬姓，与周朝国王同族，这又与随国情况相符。如果曾、随不是同一个国家，难道周王会在一地同时分封两个姬姓诸侯国？一句话，曾、随是一国两名。

·曾国是缯国或鄫国·

许多人不同意上述看法，他们认为，春秋战国时代诸侯国国君的墓地不一定在国都。从考古发现看，曾国在春秋中期占有较大片的领土，在春秋末年乃至战国初期仍是有着较大经济力量的独立国家，并未沦为楚国的附庸。随国则不然，它从春秋初期就逐步丧失独立地位，附属楚国。从文献上看，随国始终未曾迁过都，如果曾就是随，它的国都不可能在今河南光山西南的西阳，而应在随。随在战国初期的史料中已经销声匿迹，很可能已经灭亡了，而此时曾国肯定存在。另外，文献中虽有一国两名的情况，但多因迁居或迁都，曾国和随国之间看不出这种关系。因此，他们认为，曾国决不是随国，而可能是文献记载中的缯国或鄫国。

秦始皇陵坐西朝东之谜

QINSHIHUANGLINGZUOXICHAODONGZHIMI

ZHONGGUOLISHIWENHUAWEIJIEZHIMI

我国历代帝王陵墓大都是坐北朝南，以示生前南面为王，死后也要君临天下。秦始皇陵却奇特地坐西向东。这是为什么呢？

>> ·秦始皇陵·

秦始皇陵位于陕西临潼县城以东5公里处，南距骊〔Lí〕山1公里，北临渭山，始建于公元前246年，费时37年建成。它规模宏大，现存遗址封土丘高47米，周长1410米；封土周围有内外两城，内城周长近4公里，外城周长约6公里。据史籍记载，墓内有日月星辰、百官宫观，"以水银为百川江河大海，机相灌注，上具天文，下具地理"，奇珍异宝，不计其数。

>> ·求神仙引入天国·

有人认为，秦始皇陵坐西向东，除了显示其雄踞天下的威风外，更重要的原因是，他生前未能觅〔mì〕到长生不老之方，身后也要瞻瞩东溟〔míng〕，以求神仙把他引入天国。综观秦始皇的一生，他遣徐福东流黄海，寻觅蓬莱、瀛州等仙境，并多次出巡，东临碣石，南达会稽，勒字泰山，在琅玡〔Lángyá〕、芝罘〔Zhīfú〕一带流连忘返，对传说中的东海仙世向往至极。但是他多次出巡没有结果，徐福率1000童男童女出海东去，杳无消息，

秦始皇像

秦始皇虽很失望，但又希冀来世灵魂升天。

·监视东方六国·

另有人认为，秦国在战国七雄中地处西陲，嬴政按坐东朝西方向建筑其陵墓，就是要显示他不征服东方六国不罢休的决心。后来他统一了六国，仍按原布局营造其陵，是为了使自己死后的阴魂监视着东方六国，防止它们复辟。

·秦汉礼仪风俗·

也有人认为，这与秦汉之际的礼仪风俗有关。《礼仪》称"主人东面答拜"是礼；《史记·项羽本纪》也有这样的记载："项王、项伯东向坐，亚父南向坐……沛公北向坐，张良西向侍"，足证主人朝东坐是时尚。当时从皇帝、诸侯上将军直到普通士大夫家庭，主人都是坐西向东。秦始皇是天下之主，死后其居所自然也要坐西向东。

顺便补充几句，史载秦始皇陵被项羽焚毁了，但考古工作者最近确定，它仍然完好。秦始皇陵以水银为百川大海，此说如属实，水银必定外泄，从墓室到墓面必然会形成一个强弱不等的"汞晕"，这已得到证实。探坑情况也表明，土层结构清晰，无人为破坏痕迹。

中国古代"罗马城"之谜
ZHONGGUOGUDAILUOMACHENGZHIMI

ZHONGGUOLISHIWENHUAWEIJIEZHIMI

西汉初期，匈奴猖獗，屡屡内侵，致使边疆地带没有宁日。自汉武帝以来，国力渐强的西汉王朝开始反击，多次重创匈奴军队。

·令人疑惑的"鱼鳞阵"·

汉宣帝末年，匈奴郅支单于与归汉的呼韩邪单于为敌，挟持西域诸国袭扰汉朝边境。元帝建昭三年（公元前36年），西域都护甘延寿和副校尉陈汤率汉军4万远征，结果大获全胜，除杀死郅支单于外，还"斩阏氏、太子、名王以下千五百一十八人，生虏百四十五人，降虏千余人"。从此之后，匈奴的势力在西域消失，汉和西域的通道大为安全。

上述史实见于《汉书·陈汤传》。这里还记载着一件有趣的事。说两军对垒之时，匈奴方"步兵百余人夹门鱼鳞阵"。所谓鱼鳞阵，颜师古说是指兵士并肩站在一起，形若鱼鳞。这兵阵在我国历史上绝无仅有。要将军队排成鱼鳞状，需经严格训练。而匈奴兵士打起仗来往往一拥而上，他们怎么会使用鱼鳞阵呢？

　　1955年，英国史学家德效骞提出，鱼鳞阵是典型的罗马兵阵龟甲形攻城阵，其他民族不曾用过。因而，阵中士兵是罗马人。每个士兵手持一长方形盾板，其正面呈圆凸状，并肩站在一起。汉人不识此阵，就以其形状称之为鱼鳞阵。后来他又说，汉军生擒的145人正是布该阵的百余名罗马人。他们被安置在一个特设的边镇中。该镇以汉代对罗马的称谓"骊靬"命名，一直存在到8世纪中叶。澳大利亚人哈瑞斯相信"罗马城"之说，并进一步提出了这些罗马人的起源：公元前55年，罗马将领克拉苏率军攻打帕提亚，以失败告终。罗马军溃散而逃，其中一部分在克拉苏之子率领下到了西域，沦为北匈奴的附庸，参加了建昭三年的战斗。至于"罗马城"的地址，哈瑞斯认为在兰州西北的永昌镇附近，那里的一处废墟即该城遗址。

　　此论一出，轰动一时。中国史学家余英时认为"罗马城"说是无稽之谈，因为汉朝制度，设县镇至少要有几千人口，区区145名罗马人不可能设置专门城镇。但是，布鱼鳞阵者是否罗马人？他们到底是从什么地方来的？最后归宿如何？凡此种种，有待进一步研究和更确凿的证据。

楼兰古国之谜
LOULANGUGUOZHIMI

ZHONGGUOLISHIWENHUAWEIJIEZHIMI

楼兰是西域古城郭国，遗址在新疆塔克拉玛干大沙漠的东部边缘，罗布泊西北岸。从现今情况看，这里沙丘纵横，地形复杂，地势险恶，许多商人、行旅、探险者在此丧生，被视为鬼魅之地。

·创造者之谜·

曾几何时，楼兰有着自己的光辉历史。它西南通且末、精绝、拘弥、于阗，北通车师，西北通焉耆〔qí〕，东到白龙堆，通敦煌，扼丝绸之路的要冲。汉武帝初年通西域，使者往来都经过楼兰。楼兰屡次替匈奴当耳目，并攻劫汉使者。公元前108年，汉朝大将王恢、赵破奴大败匈奴于吐鲁番，同时攻克楼兰。武帝死后，楼兰再次归附匈奴。汉昭帝时，汉军征服楼兰，改国名为鄯善〔Shànshàn〕，迁都皇泥城。王莽新政时代，鄯善又附匈奴。东汉时，班超出使西域，彻底治服楼兰（鄯善），使之成为东汉重镇。公元4世纪后，楼兰突然销声匿迹。玄奘出使西域时，这儿"国久空旷，城皆荒芜"，"城郭巍然，人烟断绝"。

上文所述就是楼兰的整个历史概况。它的消亡是个难解之谜，而它的创造者同样迷雾茫茫。从楼兰遗址墓地的遗骨看，楼兰人高鼻、深目、黄发，明显具有印欧

人的特征；从所存文书看，楼兰人的语言与焉耆—龟兹语相近，属于印欧语系的西支。那么，这些印欧人种的楼兰人是从哪里迁入楼兰的？迁入在何时？他们为什么要迁到这里来？自20世纪初瑞典探险家斯赫文定重新发现楼兰遗址以来，一个世纪过去了，人们花费了很大力气探究这些问题，但至今未能完全破解。

·楼兰千年古尸之谜·

楼兰神奇的事很多，保存完整的千年古尸即是其中之一。

楼兰遗址周围散布着众多的古墓，早者可追溯到公元前2000年左右的新石器时代，大量的墓葬属于两汉。几千年过去了，墓中的尸首有不少仍保存完好，没有腐烂。其中最有名的是在孔雀河下游发现的一具少女古尸。这具女尸头戴毡帽，脚穿皮鞋，以皮毛裹身，身材修长，面容姣好，双目很大，睫毛细长，头发浓密，色泽棕黄，略有弯卷，散披在肩后。据考古学家的测定，这位美丽的少女死亡的时间是在距今2185年左右。那么，两千多年前的女尸肌肤为什么能完整地保存到今天呢？

有些学者认为，这是由于楼兰人具有非常高的尸体保存技术。当时罗布泊周围的气候还不像现在这样干燥，如无高超的尸体保存技术就不可能出现现在的情况。多数学者则认为，古尸能完好保存的最重要原因是罗布泊周围的独特的自然环境。首先，这里属于典型的大陆性气候，白天烈日当空，气温在午间可达60℃，同时降水量少，蒸发量大，地下水位很低，土壤非常干燥，尸体下葬后可以迅速脱水变干，便于长期保存。另外，这里经常刮风，大风不断，土质松软而干燥，透气性很好，不利于腐败细菌的生存和繁殖。这些因素，再加上古楼兰人可能具有的尸体防腐技术，就使得古尸保存几千年之久，直到今日依然完好。

·古城消亡之谜·

楼兰这一西域重镇，这一位于丝绸之路重要地带的一度极其繁荣的国度，在4世纪中叶以后突然消失，这是为什么呢？

有人认为，这是罗布泊的变迁造成的。楼兰古城濒临罗布泊。罗布泊曾是我国仅次于青海湖的第二大咸水湖，面积最大时

达 3000 平方公里。楼兰文化兴盛之时，塔里木河水流不断，给罗布泊带来了大量淡水，使楼兰地区成为异常肥沃的绿洲，为该地文明的发展创造了良好的自然条件。两千多年后，由于湖盆内部新的地质构造和气候的变化，罗布泊的位置和积水状态都有了变化。秦汉时期，湖泊位置靠北，面积较大。东汉至北魏时，由于高山上冰川消融量减少，本来流入罗布泊的孔雀河和渭干河时常断流，塔里木改道南流，罗布泊湖区面积大大减少。此后，随着西北气候日趋干燥，从台特马湖流入罗布泊的水量越来越少，湖区面积进一步变狭，湖水越来越咸，这就使得楼兰居民和动植物失去了赖以存在的基础，纷纷逃离。

也有人认为，楼兰古城是由于人类破坏了生态环境而消亡的。随着文化的繁荣，楼兰人口迅速增多，对大地的需求随之增大，结果破坏了生态的平衡，以致绿洲萎缩，沙漠化日趋严重。到南北朝时，塔里木河改道，更是雪上加霜。就这样，人们不得不遗弃楼兰他往。

另有不少人指出，上述二说虽有道理，但不能解释一个现象：作为一个很发达的文明，楼兰若真的因环境恶化迁居他乡，为什么不见诸文字记载？它迁到了何处？为什么此后就毫无消息，难道说一次迁徙就能摧毁其全部文明？这些学者认为，楼兰文明可能毁于战争。据记载，楼兰南边有一个苏毗〔pí〕国，它与楼兰为敌，刀兵不断，最终消灭了楼兰。也有资料称，楼兰是被北方的高车人消灭的。不过战争说至今也未有足够的资料证明。

北京猿人化石下落之谜
BEIJINGYUANRENHUASHIXIALUOZHIMI

ZHONGGUOLISHIWENHUAWEIJIEZHIMI

1937年开始的日本全面侵华战争不仅给中国人民的生命、财产带来了巨大伤害，也给中华文化遗产造成了莫大损失，北京猿人化石的失踪即是其中之一。

·人类进化的序列基本确立·

北京猿人的发现是世界古人类考古中的一个重大成就。1918年，瑞典人安特生在北京西南50公里的周口店附近偶然发现了一些动物化石。1921年和1923年，他组织人员在此发掘出来了两颗人牙，叩开了沉睡几十万年的北京人大门。1929年，我国年轻考古学家裴文中发掘出了一个完整的头盖骨，轰动了全世界。此后这里又屡次发掘，多有发现，截至抗日战争爆发前，周口店共出土了5个头盖骨、15块头骨碎片、14块下颌骨、147个牙齿以及不少碎肢骨。北京人头骨低而平，额向前低，眉脊骨粗大，像屋檐一样遮住双眼。其脑壳比现代人厚一倍，脑容量约为现代人的80%，嘴巴前缘前伸，颧骨高，鼻骨宽，没有下颏，牙齿较大。以其肢骨看，北京人同现代人类似，处于从猿到人的转变过程中，已能直立行走，属于人科。其生活的年代，一般认为在六七十万年前，这些发现，证实了直立人的存在，使人类进化的序列得以基本确立。

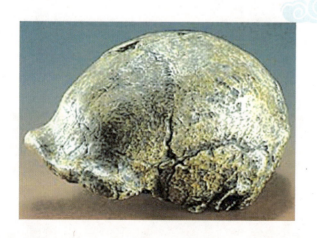

·化石标本神秘失踪·

周口店发现的这些人类化石和一些灵长类化石被中国人民视为国宝，一直保存在北京协和医院底层。抗日战争爆发后，化石标本的转移和保护成了一大问题。它们一度被移送美国银行的保险库内，后又送归原处。1941年，日美关系紧张，在京美国侨民纷纷回国。值此危急时刻，中美

双方达成协议：把北京猿人化石标本运送到美国，战争结束后交还。同年 11 月初，全部化石分装到两个大木箱，准备运往美国。12 月 5 日，载有化石的专用列车离开北京驶往秦皇岛，计划在那里由美国定期航班"哈里逊总统"号船运往美国（定于 12 月 8 日到秦皇岛）。计划未待实现，珍珠港事件就发生了，包括协和医院在内的美国各种机构均被日军迅速占领，专用列车在秦皇岛被截，"哈里逊总统"号也未能驶抵秦皇岛。从此，北京猿人化石标本就神秘地失去了踪迹，至今不知下落。在失踪的国宝中，还包括生活在 18000 年前的山顶洞人的完整头骨。

从 20 世纪 50 年代起，我国考古工作者又在周口店遗址发现了属于四十多个个体的北京人化石，这在一定程度上弥补了损失。

夏族人究竟起源于何处？
XIAZURENJIUJINGQIYUANYUHECHU

ZHONGGUOLISHIWENHUAWEIJIEZHIMI

众所周知，夏祖与今天的汉族有渊源关系，可夏祖究竟起源于何处呢？学术界大致有3种不同的观点。

>> ·中原黄帝后裔说·

　　这种观点认为，夏族是生活于中原地区的原始部族之一，应属于古老的黄帝族的后裔。黄帝族的活动范围相当广泛，但早期活动中心应在今河南省新郑地区。随时间的推移，人口增加，黄帝族分化出新的氏族和部落，夏族就是从这些新氏族中发展的一支，夏族作为黄帝族的主要分支，最早当是活动于嵩山地区。为什么称夏呢？这是因为该部族主要从事农业生产活动，以石耜作为自己的图腾崇拜，起初称为崇部族、禹部族。后来一个分支徙居于夏山、洧水的源头，久而久之遂因地而改称作夏族。

　　有人进而认为，夏族是河南的土著居民。根据是：（1）在古籍中有关夏族的传说，以河南境内为多，夏族的两个首领鲧与禹，以及他们的子孙的主要活动、夏朝的大部分都城也与河南有关。夏朝灭亡后，他们的后代也被封在河南，这是由于这些地方原是"有夏之居"的缘故。（2）从考古发掘来看，在河南广泛分布属于夏代的遗迹遗物，包括古城堡遗址、炼铜器物、铜石骨陶器具，还有一些可能有某种意义的刻画符号。这说明先秦古籍记载的可靠性很高。

>> ·西羌说·

　　这种观点认为：夏族源于西羌，从西部向东迁徙，而后定居到中原地区。根据是：（1）夏族的祖先鲧禹父子，是黄帝的直系后裔。黄帝部族进入中原之前，活动在西北地区的黄土高原上。 （2）从先秦文献中，有戎、夏并称的记载，可以看出戎和夏最早属于西北地区的部落。正因为夏族是戎族的一支，所以，夏禹又被称为戎禹。 （3）羌族也是戎族中的一部分，最早活动在黄土高原西部的甘青地区及四川的西北部，相传夏族的大禹就出生在羌地。从文献记载来看，在中原地区建立夏王朝的夏族，起源于甘青川交界地带的羌族。此外，还可以从周族与夏族有密切的关系中得到说明。周初统治者自称"我有夏"，周族与夏族有通婚关系，周姓"姜"、"羌"乃一音之转，实际上是同一个字。

·东夷说·

这种观点认为，夏族原是东夷集团中的一支。根据是： （1）山东临沂古城一带为古开阳县，就是在郚〔yǔ〕国古城所在地，郚国不管是由族得名还是由地得名，与夏禹族曾在此地活动有一定关系，开阳即启阳，可能因夏后帝启（开）所居而得名，阳城可能就是后来之开阳。 （2）夏商邻处河济，当是夏东商西，夏居下游，商居上游，夏、下，音同相通，夏或为下方之人的意思；商、上，音近相通，商或为上方之人的意思。 （3）禹和东夷有密切关系，禹与涂山氏通婚，说明夏族与东夷族团长期结成联盟。 （4）后来的周人出于政治上的需要，自称为夏的后继者，但对于夏人真正的后裔，如杞人，则仍把他们划归为东夷的。 （5）从语源上说，"夷有大义，夏亦大训"，大、夷、夏可能是一语之分化，与古代音近或音同。

中国也有金字塔吗？

辽宁西部山区发现5000年前祭坛女神庙积石冢群以后，人们期待着陆续再有惊人发现。3年过去了，果然不负众望。这个5000年前的神秘王国——牛河梁红山文化遗址，又发现了一座5000年前的圆锥体"金字塔"式建筑和红山文化时期的冶铜遗址，还出土了一批很值得研究的玉雕。

·人工大力筑的大小金字塔·

在距离女神庙一公里的地方，有一座小土山，山上到处散布着带有红山文化特征的"文"字纹彩陶片以及冶铜坩〔gān〕锅片，这个现象早就引起考古专家、辽西考古发掘队领队孙守道的注意。他多次到这座土山察看，长久地思索着……终于，在1989年夏，经过初步发掘证实，这座土山竟是全部用人工夯〔hāng〕筑起来的，地上部分夯土堆直径近40米、高16米，外包巨石，内石圈的直径为60米，外石圈的直径约为100米。夯土层次分明，估计总量在数十万立方米以上。金字塔的形状为圆锥形，小抹顶。土山上面有3圈石头围砌起来，每一层石头伸进去10米，高度为1米，山下面亦有3圈石头围砌起来。金字塔顶部是冶铜遗址，有1500个炼红铜的坩锅，每一坩锅约有1尺多高，锅口约有30厘米，像现代人用的水桶一般大小。围绕大金字塔周围的山头上发现有三十多座积石冢（小金字塔）群址，整个积石冢群都是圆锥形、大抹顶。和古埃及的金字塔相比，布局是一样的，古埃及也是以大金字塔为中心，周围是小金字塔样。

·巨型金字塔的用途·

这座巨型"金字塔"式建筑物到底是干什么用的？目前学者们说法不一，有的认为这可能是辽西原始文明古国用以祭天的坛，也有人推测是王者的陵墓，其结构和性质还有待于进一步发掘证实，总之，它确实又是一个惊人的发现。

·图腾崇拜物或保护神·

　　考古工作者对围绕大金字塔周围的小金字塔（积石冢）群进行了部分发掘，出土了大批玉器，收获是丰富的。一座积石冢的中心大墓里出土一具完整的男性骨架，头部则有两个大玉环，胸部佩戴着双龙相交的勾云形玉佩，头的上部有玉箍〔gū〕，腕部有玉镯。特别令人感兴趣的是死者双手各握一玉龟，一雌一雄，相配成对。苏秉琦先生认为，玉龟可能是一种权力的象征，死者可能是个仅次于王者的首领人物。有的专家则认为，玉龟可能是当时氏族部落集团的图腾崇拜物或保护神。当然，最有身份的人死时手中所握的也很可能是这个民族的标志即图腾神以返回他们的始祖。

·无头无尾无足的玉乌龟·

　　另一座积石冢也发现了二十余种玉器，墓内亦有一具男性骨架，身高 1.8 米左右。他的头上横置有玉箍，左右肩和手腕等处皆佩戴玉环，腰的下部则有一个玲珑剔透的大猪首玉饰，猪的两只大耳特别夸张。死者的胸部佩戴一碧绿色玉乌龟，奇怪的是这个乌龟无头无尾无足，浑然一体。它到底意味着什么？如今还是一个谜。

古格遗址之谜
GUGEYIZHIZHIMI

在遥远的西藏西部，有一个被称为"世界屋脊的屋脊"的神秘高原——阿里高原。它位于我国西部边境，分别与印度、尼泊尔等国相接，是连接中亚、南亚和东亚三大文明圈的大陆桥，也是我国西藏自然风光最为神奇的地方。那里矗立着的一座残垣断壁的古堡更令人神往，古堡是阿里神秘古文明的见证。它见证了古格王国由极盛到衰亡的历史。

·阿里神秘古遗址·

西藏既有独特的高原雪域风光，又有妩媚的南国风采，与大自然相融合的人文景观使西藏在旅行者眼中具有无穷的魅力，而这一切在考古学家的眼中，则散发着独特的神秘感。在阿里高原上有晶莹碧蓝的高原湖泊；有闻名于南亚次大陆的宗教圣地、神山圣湖；有闻名于世的班公湖鸟岛；有现代冰川的罕见景观；无数珍禽异兽出没在无垠的草原深处，葱郁的森林以其伟岸的身姿屹立在象泉河畔。这里可观黄沙落日之秀丽，可赏白雪朝晖之壮美，是中国西部最具特色的一幅图画。

20 世纪 30 年代，意大利著名的藏学家杜齐曾沿着高原"蜀道"，踏访过这方神奇的土地。当时他只是将其简单地称为"擦巴隆寺遗址"。殊不知，杜齐错过的就是一千多年前在这荒凉偏僻的阿里高原上突然出现而又于三百多年前神秘消失的古格王国都城遗址。由于种种历史原因，中国的文物考古专家对古格的首次考察迟至 1979 年才开始。1985 年西藏文物管理委员会对古格王国的故城作了一次最全面、最深入的考察。

·象雄部落联盟·

阿里地区人类活动的历史至少可以回溯到旧石器时代晚期，谜一样扑朔迷离的象雄文明，是西藏古老文化的发源地之一，有"西藏的根基文化"之称。在吐蕃王朝建立之前，象雄已经是雄踞西藏高原的一个强大的政权。吐蕃王国的晚期，王室内部争权夺利的斗争十分激烈，大政权与小政权各自为政，不相统属。其混乱的场面犹如"一鸟凌空，百鸟影从"。王室直系后裔吉德尼玛衮在斗争中失败，逃亡到阿里。

»» ·古格王室的信仰·

吉德尼玛衮受到布让土王的礼遇，并被拥戴为王，最终建立"阿里三围"。古格王国自吉德尼玛衮在阿里建国后，分封三子，复兴佛教，迎请印度高僧，整顿教义，在阿里不惜重金修建了许多著名寺院。王室成员在弘扬佛教方面更是身体力行，屡有出家修行者。西藏佛教后期的重要代表人物就是王子意希沃，他主持建造的托林寺举行的火龙年大法会，在藏传佛教的历史上有很大影响。当时印度高僧阿底峡也参加了大法会，大大促进了佛教在西藏的发展，古格王国

在西藏的地位也因此日渐提高。

古格王室虽然信仰佛教，但一直坚持政教分离、王权至高无上的原则，这在政教合一渐成风气的西藏是较为特别的。然而，元代以来在西藏确立的政教合一的体制，不可能不对古格产生影响。在这种背景下，古格王国的喇嘛集团对政权产生了越来越大的兴趣，其与王室发生矛盾也就不可避免。恰在这时，混入到朝圣队伍的乔装打扮的葡萄牙传教士安德拉德等人历经千辛万苦，终于到达古格王国的首都札布让。安德拉德非常庆幸自己的运气，当给国王送上一份厚礼以后，国王不仅同意他在古格传教，而且还赠予其巨款支持他修建教堂。安德拉德以为这次真的找到了进入人口众多、地域广袤的西藏地区的门户。因此安德拉德在给罗马天主教总会的报告中兴奋地说："上帝的力量为我们打开了进入该地

的大门……"

安德拉德的到来使古格王室与喇嘛矛盾表面化。古格王室扶持传教士的主要目的就是想利用天主教的势力压制喇嘛集团，以巩固王权。王室实施各种办法大力倡导国民加入天主教，然而这种做法不仅没有取得民众的理解与支持，反而导致了喇嘛集团的暴动。此时，与古格王国同宗的拉达克国王趁机出兵，迅速占领了古格王国，古格王国的都城也随之变成了一片废墟，结束了相传28代、长达七百多年的统治。

≫ ·古格王国遗址·

古格王国的都城遗址位于札达县城西18千米的朗钦藏布的一片高地上。遗址区南北长约1200米，东西宽六百余米，总面积72万平方米。遗址区内地形极其复杂，沟壑纵横，仿佛迷宫。既有平缓的台地，也有陡峭的山崖、幽暗的洞穴，区内落差近200米。建筑遗址主要分布在象泉河南岸的一座土山上，土山附近山丘起伏，在土山东西两侧的深沟中有泉水流出，这是古格王国遗址附近的常年水源。所有建筑依山而建，背山面水，视野开阔。从远处看，整个建筑群由下而上逐层上收、错落有致，宛若一座巨大的金字塔，蔚为壮观。

当年，吉德尼玛衮把自己的王宫建在了一座覆盖着厚土的岩石山上。城堡高约200米，占地面积18万平方米，大部分建筑依山而砌，层层而上，共分11层，包括宫殿、寺庙建筑，也有居民和军事设施。宫殿建筑多集中在山顶，居高临下，四周均是悬崖峭壁并有土坯砌筑的城墙保护，只有通过两条陡峭的暗道才能到达王宫。王宫内有三组建筑遗址，分别是国王办公、居住的处所。

国王和王后的宫室构思精巧，匠心独具。其西部建有国王"冬宫"，四周环绕由土坯围砌的城墙，一条长达50米的又窄又陡的崎岖小路可直通其上，真乃"一夫当关，万夫莫开"。王宫建于整个都城的最高点，居高临下，可以俯视全城，利于战时的指挥调动，同时也体现了王权至高无上、君临一切的思想意识。

·壁画神韵·

阿里地区周围曾经筑有不同时期、不同教派的大小寺庙近百座。这些风格迥异的佛教建筑分布在王宫以下山坡的不同位置上，众星捧月般拱卫着王宫。佛教建筑里的壁画、塑像、雕刻乃至建筑艺术都体现了西藏的独特风格，这些建筑不仅吸收了中亚、南亚和西亚古代艺术的神韵，还融合了中原和西藏地区不同的艺术风格，具有很高的历史、科学、艺术价值，是西藏古代文化的精华，是中华民族文化的瑰宝。山上现存寺庙建筑6座，其中以红、白两庙最为瞩目。红白相间，为以土黄色为基调的土山增添了几分色彩。两庙为显著的藏式建筑风格，庙宇四壁布满精美壁画，壁画题材非常广泛，包括各种佛教故事以及礼佛、庆典、商旅运输场面等。在白庙北墙壁上绘有一幅吐蕃历代赞普和古格王形象的壁画；而红庙弥足珍贵的是南墙壁上的一幅故事画，这幅画描绘了迎接古印度著名佛学家阿底夏的场景。壁画里，

我们能够看到天堂里的菩萨，人间裸体侍女，还有在地狱惨受酷刑的人和魔鬼。置身于庙内，人们仿佛畅游在一座宏大的画廊中。浓郁的宗教气息，活灵活现的人物形象，绚丽的色彩，加之融合了各种风格于一体的绘画手法，浑然天成的风格，让人禁不住赞叹并产生无限的遐想。

古格壁画整体布局严谨，通常以绘制的大像或塑像为主体，两侧或四周衬以相关的小像；题材不同的壁画卷幅形式各异，佛教人物神情、姿态丰富，很少有僵化呆板的造型。

特别是佛母、度母、神母、供养天女等大多被描绘成身材修长、容貌娇美的美女形象，其中的一些可以说是佛教壁画中最优美的人体画像；世俗生活题材的壁画更是多姿多彩，许多形象都是画匠的即兴之作，如神来之笔。

·远古哀情·

古格是个尚武的王国，在遗址内筑有暗道、碉堡、武器库，还有城墙。古格人依靠强大的军事实力铸造了雄踞一方的王国，最终又用战争葬送了自己。弹指千年间，历史已然逝去。但人们仍然可以在这块沉睡了300年的秘境上寻觅到历史的见证物，散乱的盔甲、盾牌和箭杆，耳边似乎仍能听见震天的杀声。经过一场万分惨烈的决战，强悍的拉达克人灭掉了自己的兄弟之国，在胜利的狂欢中把这座城堡变成了一片废墟。

岁月流转，苍天依旧，这片缄默无语的残垣断壁屹立在风雨之中，带着远古的哀情注视着今日的世界。那个曾经繁荣一时的王朝覆灭了，曾有着英雄气概的古格人也杳无踪影，他们去了何方？后代怎样？更多的谜团等待我们去解开。

片瓦不存的阿房宫
PIANWABUCUNDEEFANGGONG

秦始皇本来已修筑了一个宫殿，名叫咸阳宫。后来他嫌咸阳人多，宫廷太小，于是又在上林苑中营建了一个新宫，这就是举世闻名的阿房宫。

·100公里内有270座宫殿·

阿房宫是秦始皇和他的儿子秦二世计划修建的。早在兼并六国的过程中，秦始皇为了把国都咸阳建筑得宏伟壮观，在他每攻下一国后，便叫人把这国的宫殿绘成图样，在咸阳仿造。其后又不断营造离宫别馆，在咸阳周围100公里内一共建了270座宫殿。这些宫殿之间有夏遁（天桥）和甬道相连接。

公元前212年，秦始皇开始在渭南上林苑中营建朝宫。可是刚建了一座前殿，秦始皇就病死了，他的儿子秦二世接着修建。

·防刺客的磁石宫门·

阿房宫前殿有多大？看看史书上的记载就能知道："前殿阿房，东西五百步，南北五十丈上可坐万人……"宫殿的大门是用磁石做成的，这样可以防止刺客携带兵器入宫，宫外又高筑围墙。

·《阿房宫赋》·

唐朝大文学家杜牧写了一篇著名的《阿房宫赋》，把这座宫殿的规模描绘得很详细，说它"五步一楼，十步一阁"。还说在这同一宫殿里因为上下高低不同，冷暖寒热也不一样。每座殿堂的房檐像鸟嘴一样尖尖的，高高地翘起来。楼阁之间架设着通道，人们来往，就像踏着彩虹在空中行走。宫殿里的珍珠财宝、美女宫娥多得数不清，有的宫女进宫好多年还没见过皇帝的面。为了修建这座宫殿，蜀山上的珍贵木材被砍光了，变成光秃秃的了。

·片瓦不存的阿房宫·

这么巨大，这么富丽堂皇的宫殿，怎么现在见不到了？那是因为推翻秦朝暴政的起义军里有一个人名叫项羽，人们称他楚霸王。这个人非常骄傲，当时因为刘邦带着队伍先打进了秦朝国都咸阳，他非常愤怒，随后也带兵进入了咸阳，放了一把大火，把阿房宫烧得片瓦不存。就这样，劳动人民辛辛苦苦盖起的宫殿，一下子就毁掉了，只留下那几10平方米的大土台基。

阿房宫究竟是什么样的？建筑师们正在解这个谜。

马王堆古尸千年不腐之谜
MAWANGDUIGUSHIQIANNIANBUFUZHIMI

ZHONGGUOLISHIWENHUAWEIJIEZHIMI

湖南马王堆古墓中出土的一具神秘女尸，震惊了全世界。人们无比惊讶，为什么历经2000年的漫长岁月，这具女尸不但外形完整，而且面色鲜活，发色如真！经过解剖，女尸内脏器官完整无损，血管结构清晰，骨质组织完好，甚至腹内一些食物仍存。仿佛这具女尸不是千年的遗留，而是刚刚死去。这千年不腐的女尸，带给了人们一个个不解之谜，困扰着许多历史学家。

·千年女尸·

1972年，考古工作者在湖南马王堆发掘出3座西汉墓葬。墓前有斜坡墓道，墓顶有封土冢，是长方形的竖穴木椁墓。其中1号墓的土冢高5到6米，墓扩口长20米，宽17.9米。土扩墓口从上到下有4层台阶，深16米。墓内有4棺1椁。棺为重棺，外棺为黑漆素棺，2层棺为彩绘棺，3层棺为朱地彩绘棺，内棺髹漆，内红外黑，并饰以绒圈锦和羽毛巾花绢，盖板上覆盖着帛画一幅。

·死于冠心病·

由于尸体保存得非常完好，使得各地前来的专家、学者得以在解剖学、组织学、微生物学、寄生虫学、病理学、化学、生物化学、生物物理学、临床医学以及中医中药学等诸多学科进行

深入地合作和研究。通过肉眼及病理组织、电镜观察、X射线、寄生虫学研究、毒物分析等的研究，女尸的死亡年龄、血型、疾病、死因等诸方面已经有了结果。墓主人生前患有多种疾病和损伤性症状，有可能死于冠心病。

>>> ·湿尸为何不腐·

一般来说，古墓中的尸体留至今天，只有两种结果：一是腐烂。因为随葬品中大量的有机物质必然在有空气、水分和细菌的环境里很快腐烂，棺木也会腐朽，最后尸体也难免烂掉，只剩下骸骨，甚至碎末。二是形成干尸。这是在极为特殊的气候条件下形成的。在特别干燥或没有空气的地方，细菌微生物难以生存，尸体迅速脱水，成了皮包骨的"干尸"。

马王堆的女尸为何成为"湿尸"而不腐烂，据考察，有五方面的原因。

一、尸体的防腐处理好。经化学鉴定，它的棺液沉淀物中含有大量的硫化汞、乙醇和乙酸等物。这说明女尸是经过了汞处理和浸泡处理的，其中硫化汞在尸体防腐固定上的作用是很明显的。

二、墓室深。从墓室的条件看，整个墓室建筑在地下16米以下的地方，上面还有底径50—60米、高二十多米的土堆。那里既不透水也不透气，更不透光。这就基本隔绝了地表的物理和化学影响。

三、封闭严。墓室的周壁均用黏性强、可塑性大、密封性好的白膏泥筑成，泥层厚1米左右。在白膏泥的内面还衬有厚为半米的木炭层，共五千多千克。墓室筑成后，墓坑再用五花土夯实。这样，整个墓室就与地面的大气完全隔绝，并能保持 18℃左右的相对恒温，这不但隔断了光的照射，还防止了地下水流入墓室。

四、隔绝了空气。由于密封好，墓室中已接近真实，具备了缺氧的条件，使厌氧菌得以繁殖。在椁室中存放的丝麻织物、漆器、木俑、乐器、竹简等有机物，特别是陪葬的大量的食物、植物种子、中草药材等，产生了易燃的沼气，从而加大了墓室内的压强。沼气能杀菌，高压也让细菌无法生存。

五、棺椁中存有神奇的棺液，起到了防腐和保存尸体的作用。据查，椁内的液体约深40厘米，而棺内的液体约深 20 厘米，但它们都不是人造的防腐液。那么，这些棺液是哪里来的呢？经科学研究分析，椁内的液体是由白膏泥木炭、木料中的少量水分、水蒸气凝聚而成的，而内棺中的液体则是由女尸身体内的液体化成的"尸解水"等形成的。正因为这种自然形成的棺液才防止了尸体腐败，并使得尸体的软组织保持了弹性，肤色如初，栩栩如生，令人惊叹。

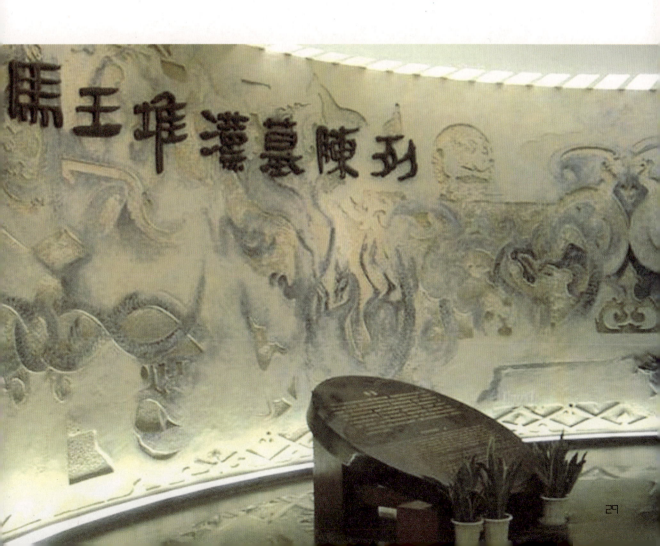

曹操七十二疑冢之谜
CAOCAOQISHIERYIZHONGZHIMI

曹操字孟德，沛国谯县（今安徽亳〔Bó〕县）人，是东汉末年权臣，杰出的政治家、军事家和文学家。他以镇压黄巾起义军起家，后败袁术，破陶谦，平张邈〔miǎo〕，灭吕布，建安五年又在官渡之战中以少胜多，大败袁绍，基本上统一了北方。公元220年，曹操去世，死后被追尊为魏武帝。

>>> · "奸雄生前害人，死后亦欺人" ·

曹操向以狡诈或足智多谋著称，这也反映在他的葬地上。据说他为防后人偷掘其陵墓，故意布下七十二疑冢使人不知真伪。这是否是真的呢？

据史籍记载，曹操于66岁时病逝于洛阳，遗命把其遗体运回邺〔Yè〕（今河北临漳〔zhāng〕一带）地安葬。他在生前就已为自己筹建陵墓，位置在战国著名人物西门豹祠以西。然而，临漳一带西门豹祠很多，曹操墓在哪一祠之西呢？晋朝著名文学家陆机说在"邺之西岗"附近，即今丰乐镇西门豹祠一带，但后人多认为不确。传说中的七十二疑冢分布在自临漳县三台村以西八里的讲武城直至磁州的大片地区，每一冢都形如小山。许多人相信其中心有一座是曹操墓，但历史上无数的文

官渡之戰

甲申年

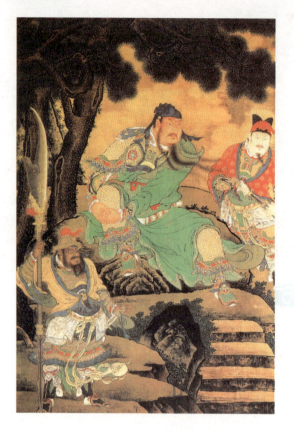

人墨客考察过那里，均没有收获。从被人盗掘或为考古工作者调查过的疑冢情况看，每冢都有遗骨，墓主都是北魏、北齐时代的王公要人。正因为此，有人认为七十二疑冢并非曹操的埋葬地。不过也有人坚持认为疑冢是曹操生前所设，后为北朝的王公命妇坐享其成。"一棺何用冢如林，谁复如公负此心。闻说群胡为封土，世间随事有知音。"曹操在历史上向有奸雄之称。七十二疑冢一事更令后人气愤不已："奸雄生前害人，死后亦欺人。"

曹操墓建在漳河河底

据说，清顺治初年，漳河水涸，捕鱼者无意中发现河底有块大石板。由石板缝隙进入地下，几十步外有一石门，门内尽美女，分列两行，或坐或倚或卧，不大一会儿就化作了灰。再往里走，有个石床，床上躺着一个俨然王者的人，从碑石中知他就是曹操。但是，此说过于神奇，又与史籍所载"主薄葬"相违，恐难让人相信。

曹操陵墓到底在何方，仍是一个疑案。

包公两座墓之谜
BAOGONGLIANGZUOMUZHIMI

巩县包公墓修于何时，很难考证。现存关于此墓最早的记录是明朝嘉靖年间的县志，从中可知修建的时间不晚于明代中叶。元、明两代史籍对此均无说明。既然如此，为什么要修这座墓，墓里面究竟埋葬着什么等等，也就无从得知了。而合肥包公墓地出土的材料同时又给历史学家们提出了许多新的问题，成为"谜中谜"。比如，在墓地中轴线的西南部，有一较大的封土堆，高约4米，底径10米，整个外形略大于包拯夫妇迁葬墓。从这个封土堆的地表再往下深挖3米，都是一色的生土，可知这个土堆是典型的"疑冢"。包公墓为什么设此"疑冢"？它是什么时代修建的？实在耐人寻味。

>>> ·为什么有两座墓·

　　据考古界报道，包公及其夫人董氏墓、长子夫妇墓、次子夫妇墓、孙子包永年墓，十几年前都在安徽省合肥市东效大兴乡双圩〔wéi〕村的黄泥坎发掘出来了。淝水岸边出土的墓志铭确凿地记述了包公的生平，补充和修正了一些史实。但是，在河南省巩县宋真宗的永定陵附近，有一座高约5米的圆形墓，即另一个包公墓。这个陪葬真宗陵侧的包公墓相对更加为世人熟知。一个包公，为什么两座墓葬？如果合肥包公墓是"真"的，那么巩县的包公墓是怎么回事？在合肥包公墓正式考古发掘之前，人们普遍认为巩县包公墓是"真"墓，不仅有很高的封土和墓碑，而且地方史志均有记载。明代嘉靖三十四年（1555年）修《巩县志》即载包拯墓位于县西宋陵中，清代顺治以后各时期版的《河南通志》皆承袭旧说，可见明初就已存在这个包公墓，至少经历了500—600年。现在，人们不禁要问：巩县包公墓究竟修于何时？为什么要建这个包公墓？里面到底埋葬着什么？它和合肥墓是什么关系？这一系列问题，至今尚难以回答。

兵马俑之谜
BINGMAYONGZHIMI

ZHONGGUOLISHIWENHUAWEIJIEZHIMI

公元前210年，秦始皇在出巡中得了重病，半途中因病情恶化而去世，时年只有50岁。后来，他被葬在生前就已建好的豪华的陵墓中，后人称之为秦始皇陵。皇陵坐落在今陕西临潼城东，南倚骊山，北临渭水，规模宏大，富丽堂皇。在皇陵附近，历年发现了很多文物，最重大的发现，是1974年在皇陵外城以东出土的大批兵马俑。

· 真正主人到底是谁？ ·

秦兵马俑的发现，引起了全世界范围的高度关注，有人称之为"世界第八大奇迹"，它已被列入《世界文化遗产名录》。

可究竟谁是秦兵马俑的主人呢？国内外学者大多认为是秦始皇。这支威风凛凛、装备齐全、布阵有序的军队，是秦始皇当年浩荡大军的艺术再现，也可能是象征守卫陵园的护卫军，还可能是送葬军阵的模拟重塑。

然而，近些年来有人对这一说法提出了质疑。中国学者陈景元认为，秦兵马俑的主人应是秦宣太后。理由是：（1）俑坑的军阵，是以步

兵围绕一辆辆战车，组成了一个个大小不同的方队。可按古书上所记，秦始皇大量使用的是步兵和骑兵，几乎找不到关于战车的记载。 (2)秦灭六国后，下令把原来六国的铜兵器运到咸阳，回炉熔化后铸成了12个大铜人和许多铜钟。秦始皇用精良的铁制兵器装备了军队，下令严禁任何人收藏铜戈、铜剑。可在兵马俑坑内却发现了铜兵器，有谁胆敢用这种违禁兵器去给秦始皇作陪葬品呢？ (3)秦统一后，规定了衣服、旗帜"皆尚黑"的制度。可出土的武士俑，着装五颜六色，上身的战袍不是大红就是大绿，下身的长裤既有紫色又有白色，就是不见黑色的踪影。这些情况表明，兵马俑的主人不是秦始皇。

·兵马俑的主人是宣太后吗·

公元前306年，秦昭王年龄尚幼，朝廷大权操在宣太后之手。她生活穷奢极欲，临终之际还要让近臣为她殉葬。秦昭王没有照办，而是在她死后，塑造了与真人一般大小的殉葬俑，还配以相应的辎重车队为她殉葬。从史书上的记载来看，宣太后陵在秦始皇陵东侧，恰好也符合这个兵马俑坑的位置。可见，兵马俑的主人就是秦宣太后。

可在兵马俑坑出土的兵器中，发现了属于秦始皇之时的"相邦吕不韦戈"，以及"寺工"铸造的长矛。这些比秦宣太后晚了50年的兵器，怎么可能跑到秦宣太后的陪葬坑里去呢？所以，有些学者坚持认为这是秦始皇的兵马俑坑。

但还有人从另一角度提出了自己的看法。林剑鸣认为，俑坑修建于秦始皇时代，但它不是秦始皇的陪葬坑。秦代仍有用活人殉葬的旧习，建造如此大型的俑坑用来殉葬，似乎没有必要。俑坑内出土的铁制兵器极为罕见，这与秦始皇时代发达的冶铁水平很不相称。可见，这个俑坑很可能是一座有纪念碑性质的建筑物，陈列那些未使用过的、过时的武器，用来纪念、表彰全国统一的丰功伟绩。

·兵马俑为何被焚·

发掘兵马俑的过程中，考古工作者发现，1、2号俑坑的木质结构几乎全部被烧成炭迹或灰烬。陶俑和陶马耳上的彩绘颜色经火烧大都已经脱落，有的青灰色被烧成了红色。俑坑经火焚后全部塌陷。陶俑和陶马全部被砸，有的东倒西歪，有的身首异处，有的头破腹裂，有的臂断腿折，有的断成数段，有的成为碎片，总之，完整的很少。

让人费解的是，俑坑的火是谁放的？后人推测有三种可能，一是秦人自己点的火，以烧毁祭墓物品及墓周的某些建筑，使死者灵魂将此带去阴间享用，即所谓"燎祭"。但是，如果真的是因为丧葬制度和民间风俗习惯而焚毁掉，为什么只烧1、2号坑，而不烧3号坑呢？而且如果真的是秦人自己烧的，那么从建成到焚毁的间隔时间肯定不会太久。可是据考古发掘来看，俑坑下的地上普遍都有十几层的淤泥层，这种淤泥层绝不是短时间内能够形成的。

（2）秦兵马俑可能是被项羽率领的军队焚毁的。据《史记》、《水经注》等史籍载，项羽烧秦宫室，火 3 个月不灭。但上述史书中并没有明确记述项羽军队焚毁秦兵马俑之事，甚至连秦兵马俑的字样都没提到。因而，把烧兵马俑的罪过加在项羽的头上，也只是后人的猜测而已。

（3）兵马俑坑中的火是因为坑内的陪葬物等有机物腐败产生沼气，自燃造成的。但是，在同样的俑坑，同样的环境条件下，为什么只烧了 1、2 号坑，而 3 号坑却没有起火呢？

·制作工艺已经失传·

兵马俑坑中的陶俑和陶马均是泥制灰陶，火候高、质地硬。经观察，并没有发现模制迹象，肯定是一个个地雕塑而成。陶俑、陶马身上原来都绘有鲜艳的颜色，但因俑坑被毁，加上长期埋于地下，颜色几乎全部脱落。现在从局部残留的颜色仍可窥见其种类的繁多，有绿、粉绿、朱红、粉红、紫蓝、牛黄、橘黄、纯白、灰白、赭石等。各种色调的和谐艳丽，更增添了整个军阵的威武雄壮。

这些陶人陶马在暗无天日的地下被掩埋了二十多个世纪，出土后，仍然保持了色泽纯、密度大、硬度高等特点，以手敲击，金声玉韵，真是达到了"炉火纯青"的境界。当代的制陶工艺大师经过十多年的努力，至今仅能仿造一些简单的陶人。其中一些制陶大师想要复制陶马，反复试验竟无一成功。秦代这种杰出的泥塑工艺和制陶工艺，使后人佩服得五体投地。但它的技术、配方都失传了，这是中国传统文化一个极大的损失。

·不可思议的铜剑铸造工艺·

从 2 号坑出土的青铜剑，长 86 厘米。剑身上有 8 个棱面，极为对称均衡。19 把青铜剑，误差都不到毫米。它们历经 2 000 年，从地下出土，都无蚀无锈，光洁如新。用现代科学方法检测分析，这些青铜剑表面竟涂有一层厚约 1 毫微米的氧化膜，其中含铬 2%。这一发现立即震动了世界。因为这种铬盐氧化处理是一种刚刚在近代被人们掌握的先进工艺。据说德国在 1937 年，美国在 1950 年才先后发明了这种方法，并申请了专利，而且它只有在一整套比较复杂的设备和工艺流程下才能得以实现。秦人的铸造水平之高，真是让人感到不可思议。

更值得一提的是，这些青铜剑的韧性也是异常惊人的。有一口剑，被一具 150 千克重的陶俑压弯了，弯曲度超过 45°。当陶俑被移开的一瞬间，奇迹发生了：青铜剑反弹平直，自然还原。这精湛的铸剑技艺，令在场的所有研究人员瞠目结舌。

兵马俑的谜团不胜枚举，等待人们去探寻。

"丝绸之路" 开辟于何时?

SICHOUZHILUKAIPIYUHESHI

ZHONGGUOLISHIWENHUAWEIJIEZHIMI

"丝绸之路" 一词是由德国地理学家李希霍芬在1877年首次提出的,原指两汉时期中国与中亚河中地区以及印度之间,以丝绸贸易为主的交通路线,后人扩充此说,丝绸之路意指中国古代经中亚通往南亚、西亚以及欧洲、北非的陆上贸易通道。

中国是世界上最早发明养蚕、缫丝、织绸的国家。这些丝和丝织品,通过"丝绸之路"加强了古代中国同西亚、欧洲和北非的政治经济交往。"丝绸之路",是中外经济文化交流的桥梁与纽带。可在这古老的"丝绸之路"上,从古至今布满了谜团。

>>> ·开辟时间·

关于"丝绸之路"的开辟,人们大致有3种看法。

比较普遍的意见认为,"丝绸之路"始辟于汉武帝时代。理由是:西域是"丝路"上

的重要枢纽，而西域形成于汉武帝后期，所以"丝路"不会早于西域形成之前。有人还认为，公元前138年，张骞通西域，应该是"丝绸之路"开辟的标志。

有人则认为，"丝绸之路"始辟于秦，盛于汉唐。"西域"之名虽形成于汉武帝后期，但不等于汉武帝之前的中国内地与该地区没有联系。秦朝不仅与西域有了密切的联系，而且通过西域把影响扩大到更加遥远的西方。同时，秦代丝绸贸易相当发达，秦朝开辟的东西交通，必然也会与丝绸贸易有联系。

还有人提出，早在东周，中国的丝绸品就由"丝路"输向国外。（1）从已发现的考古和文献资料可以证明，早在公元前5、6世纪前后，中国的丝织品就远运欧洲。（2）公元前4世纪印度学者胝厘耶的《治国安邦术》一书中，提到过中国丝织品，可见中国丝织品当时已流传到印度。（3）位于阿尔泰山北麓的巴泽雷克墓群中，发现不少保存完好的中国丝织品，说明公元前5世纪，中国的丝绸已传入阿尔泰地区。（4）在西亚地区，公元前5世纪后半期，中国产的丝已见于波斯的市场。

>>> ·干线有三条·

通常的观点认为，"丝绸之路"的干线有西域路和南海路两条。西域路是陆路，通过西域把丝绸运到安息（今伊朗）、西亚，再转运到欧洲的罗马；南海路是海路，通过番禺（今广州），先把丝绸运到印度、锡兰（今斯里兰卡），然后转到安

息等地，或由红海到达开罗，再转往叙利亚等地。

有人则提出，除了西域路和南海路之外，还有一条草原路。这条路线东起蒙古高原，西至黑海沿岸，横贯欧亚草原地带，它的方位大体在北纬50°附近。据考古发现和查核文献，早在春秋战国时代，丝织品已传入匈奴和羌人居住的河套、河西及天水以北地区，而黑海周围的斯基泰人，还有希腊人从亚速海沿岸的塔纳伊司，经里海、咸海、巴尔喀什湖北部地区，到达匈奴居住区，与匈奴的贸易路相衔接，这样形成了纵横欧亚草原的东西交通线。自公元前7世纪以来，从汉唐至元明，草原路作为主要交通线之一，在古代中国的对外交流中发挥了重要作用。

·"南方丝绸之路"之谜·

随着考古发现的增多、研究的深入和认识的深化，人们发现，在陆路之外还存在着经中国南方海上西行的路线，即"海上丝绸之路"。近年来，有人进一步提出，在陆路方面，除一般所述经长安（或洛阳）西行的路线外，还存在着一条"南方丝绸之路"。

对所谓"南方丝绸之路"，学术界存在着不同看法。有人不同意把它单独列出，认为该路线只是丝绸之路的一个小分支，重要性不够。赞同者则认为，该路线在我国古籍中即有记载，称为"蜀身毒（印度）道"或"滇缅道"。新近考古发现证明，早在公元前10世纪之前，中国西南地区就和印度洋北部地区有着种种联系。从重要性上讲，古蜀国的丝绸自古就被誉为"奇锦"，品种多，产量丰，驰名中外。在西方文献里，公元前4世纪脱烈美的《地志》中记有一产丝之国，名为"赛勒斯"，其南有北印度和"西奈埃"。据考证，"赛勒斯"即古蜀国，"西奈埃"即古滇国。既然古蜀织锦起源很早，生产兴盛，并且早于西域和南海中西交通的开辟，因而，这条由四川盆地南行，经云南至东南亚，进而至南亚、西亚抵达地中海沿岸的国际交通线，自然可以称之为"南方丝绸之路"。这条交通线和北方丝绸之路一起，共同构成古代中西交通和中西文化交流线路总体系。

明代北京的 "双龙" 布局之谜
MINGDAIBEIJINGDESHUANGLONBUJUZHIMI

> 北京列于我国 24 个历史文化名城之首, 是我国古建筑最多的城市。元、明、清历代的宫苑、坛庙、塔寺分布在全城各处, 它们各具特色, 有很高的艺术价值。

·大规模建筑北京城始于明代·

明朝建国后, 初时定都南京。后来, 围绕着京城的搬迁, 朝廷内部发生过许多争议。有人以南京偏于东南隅, 不宜控制全国为理由提议都城设在位置居中的西安; 有人则以巩固北疆, 防范外族袭拢为由, 主张迁都北京; 还有人以安徽凤阳为太祖故里, 有帝王之气, 力主迁都凤阳, 等等。

明太祖朱元璋死后不久, 燕王朱棣发动 "靖难之变", 夺取政权, 是为明成祖, 即永乐帝。朱棣称帝后的第一件事, 就是迁都北京。

明代北京是在元大都基础上加以扩建和改建的。自外而内分为都城、皇城和宫城三重。宫城居中, 与皇城和都城层层相套, 这是北宋都城东京 "罗城" 规划的形制, 与宋以前宫城居北的布局不同。明嘉靖三十二年 (1553 年), 又于城南加建一道外城, 加强城防, 并将手工业和商业区纳入城内予以保护。

·北京外城·

北京外城东西 2950 米, 南北 3100 米。南西设右安、永安、左安三门, 东西两端各设一门, 东为广渠门, 西为广安门。北面东西两端为东便门和西便门。中间三门即内城的南三门。

·北京内城·

内城东西 6650 米，南北 5350 年。南设宣武、正阳、崇文三门。东西各设两门，东为东直门和朝阳门，西为西直门和阜成门。这些城门都设有向外的箭楼和靠内的城楼，以及城墙围合而成的瓮城，其内驻扎军队，是城防的中心。例如，前门是箭楼，正阳门则为城楼。内城在东南和西南的城角处，还建有角楼。

·皇城·

皇城，位于内城的中心稍偏南，东西 2500 米，南北 2730 米。南开一门为天安门，其南原建有一座大明门（清时称大清门），为皇城的前导，皇城以内沿轴线及其两侧的即是宫城，现称为故宫。宫外布置坛庙、禁苑、寺观、衙署、宅邸等建筑和园林。

·北京的中轴线·

明清北京城，体现了以宫室为主体的城市规划思想。贯穿这个主体城市规划的是一条长达 8 公里的中轴线。

这条中轴线上及两旁建筑前后起伏，左右对称。利用建筑的形体及空间的分配，把所有建筑联系在一起，是北京古建筑的精华所在。从外城的永安门开始的中轴线，向北到了内城的第一个重点建筑——雄伟的正阳门楼及箭楼。再往北经过皇城正中的天安门、端门，到达紫禁城的午门，然后穿过故宫中心的三大殿，出神武门，越过景山中峰的万春亭，止于地安门外的鼓楼和钟楼。

这条中轴线到达钟鼓楼以后，不向北延引到城根，而是恰到好处地结束了。它这时把重点平稳地分配给内城的北城楼——东西对称的安定门和德胜门，这种严格的布局，说明北京城是一个先有计划，然后再建造的城市。这个完美的古代城市规划，在世界上也是少有的。它在世界城建史上占有重要的一页，至今仍为中外城市建设专家所推崇，叹为观止。

>>> ·双龙布局形状·

近年来，有关专家对北京景山地区的遥感航摄照片进行了研究，发现这里的古代建筑群的整体设计形貌是一组拟人化的建筑。这一发现引起了社会各界的兴趣和关注。地质矿产部地质遥感中心的科学家对此进行了更加深入的研究，他们利用遥感中心的科学家对此进行了更加深入的研究，他们利用遥感技术所拍摄的全北京城鸟瞰照片，翻阅了大量有关史料，相互印证。在这个过程中，他们惊奇地发现，明代北京城的设计建造呈双龙布局形状。一条水龙和一条陆龙衔山环水，蔚为奇观。

北京的"双龙"，水龙以南海为龙头部分，湖心岛是龙眼，中南海和北海构成龙身，什刹海是龙尾，摆向西北方向。陆龙俯卧在北京的中轴线上，天安门宛若龙吻，金水桥为龙的颔虬，东西长安街仿佛龙的两条长须，从天安门到午门一带是龙鼻骨部，太庙和社稷址如同龙眼，故宫恰似龙的九骨龙身，四座角楼好像是龙的四爪，伸向四个方向，景山、地安门大街和钟鼓楼构成龙尾。正阳门好似一颗宝珠。通览北京中轴线上的古建筑，呈现出巨龙锁珠之势，演两仪、四象、八卦之象，极富匠心。

北京是历史名城，明代北京城建筑的这种"双龙"布局设计，是反映了在华夏民族历史上，君权神授的皇权思想。不言而喻，北京乃兴龙之地，封建皇帝乃天降龙种，理所当然地成为统治者。但这种神奇的双龙布局设计，是反映了我国古代建筑大师们巧夺天工的艺术造诣，还是天然的巧合，仍是一个谜。

北京城墙缺角之谜
BEIJINGCHENGQIANGQUEJIAOZHIMI

现在的北京城墙大部分被拆除了，取而代之的是宽阔的公路。然而，人们通过卫星和遥感等手段确切无疑地了解到，北京城墙确实缺了一个角：东北、东南、西南三角都是整齐的直角，惟西北角成抹角状。

·"被风吹起的衣襟"·

关于北京城，有着许多美妙的传说，其中一个是关于北京城墙的。燕王朱棣（即后来通过靖难之役登基的明成祖）嫌北京城不够气派，决定大规模修建。他手下的两位军师刘伯温和姚广孝受命设计北京城图样。不知怎的，他们二人在进行设计时，不约而同地眼前老是出现六臂哪吒的形象。他们起初不想画哪吒的形象，后来欲罢不能，在各自的设计图上都照着画下了这一传说中的英雄的形象。姚广孝画着画着，大功将要告成时，突然起了一股风，把哪吒的衣襟吹起了一块，他就随手把这画了下来。刘伯温和姚广孝二人的设计图上呈后，朱棣觉得都很好，实难取舍。最后，他断然决定东城按刘伯温的设计兴建，西城按姚广孝的设计兴建。姚广孝所画的被风吹起的衣襟，恰好就是城西北角从德胜门到西直门处。就因为此，北京城墙缺了一个角。

·缺角是因地势而造·

到底是什么原因造成的缺角呢？严肃的历史工作者不信传说。北京城在明以前是元代的都城，当时叫大都。大都城的西

北角和其他各角一样，都是直角。明代重修的北京城往南移了五六公里。这样一来，北城墙西半段就穿过往昔积水潭最窄处，然后折向西南，把积水潭的西部拦在了城外，城墙因而也变成了斜角。在明代时，积水潭水面的宽度和水深均强于现在。为了使城墙坚固和便于兴建，城墙依照地势建成了抹角。

新近有人据卫星照片资料提出了新的说法。他们认为，在城墙西北角的外侧，有一条车公庄—德胜门断裂带。最初，北京城墙的西北角也呈直角，但由于地基不牢，城墙不够牢固，建成后多次倒塌，正因为此，人们不得不把城墙建成现在卫星反映出来的那种样子。

由于资料缺乏，上述二说均系推测。北京城墙缺角之谜，尚待进一步探究。

神秘的王国与北京城布局不谋而合
SHENMIDEWANGGUOYUBEIJINGCHENGBUJUBUMOUERHE

ZHONGGUOLISHIWENHUAWEIJIEZHIMI

东山嘴、牛河梁红山文化遗址可以说是上古时代的一个神秘王国。坛、庙、冢布局范围约有50平方公里，这种"三合一"的布局，类似北京的天坛、太庙和明十三陵。

·无底彩陶·

辽西的东山嘴、牛河梁两处遗址出土的彩陶种类繁多，有供祭祀用的三足器，有双耳小口尖底瓶，有造型特异的带有红山文化特征的"之"字纹镂空熏炉盖，有堪称"彩陶王"的胎厚达1.3厘米的彩陶大器残片。其中最多的是无底彩陶筒形器，足有两卡车之多。

·惊人的相似·

特别令人感兴趣的现象是东山嘴的大型祭坛设在开阔地带的山梁上。可以想象居住在四面八方的原始部落组织定期来此联合举行重大祭祀活动的盛况。古人传说最高统治者的祭祀"郊"、"燎"也可能在此举行。这一切足以说明在这里活动的原始先民们已脱离了对自然崇拜，对图腾崇拜的低级阶段，而跨入更高阶段的文明社会了，这样大规模的建筑应属于一个超越于部落之上的联盟组织。中国历代帝王都是把自己的陵墓修建在山顶或高高的台地上，以此象征他们的至高无上，和陵墓布局在一起的便是祭祖宗的"庙"和祭天的"坛"，东山嘴、牛河梁的坛、庙、冢与北京的天坛、太庙和明十三陵为什么这样惊人的相似，似乎有某种继承关系，它们之间有什么奥秘？这确实值得深入研究。

中国从何时进入了文明时代？
ZHONGGUOCONGHESHIJINRULEWENMINGSHIDAI

中国与古埃及、印度、巴比伦并称"四大文明古国"。然而，中国究竟何时进入文明时代的呢？对"文明时代"一词的内涵，学术界的理解不同，进而对这一问题颇有分歧。

·制造工具说·

有人认为，文明是与人类社会俱来的，当人类不再与野兽同游、与猿猴为伍之时，也就展示了人类文明。这就是说，在人制造出第一件工具的时候，就开始了人类的远古文化，从而跨入了文明时代。考古成果表明，中国境内最早的人类是"元谋人"，可以说，至少在170万年前中国就进入了文明时代。但有人持否定意见，认为文明和文明时代不是一个概念。文明是指人类的开化、进步状态。在原始社会，石器的制作，火的发现，弓箭的发明，以及思维、语言、象形文字的产生，指的是史前文明，这是人类进入文明时代的前提和基础。如果认为人类文明仅仅是起源于文明时代，那就是对人类历史的否定，也不符合历史事实。

·青铜器的状态说·

有人认为，青铜器的出现，标志了文明时代的到来。可中国青铜器时代始于何时呢？人们的认识又不一样。《史记》说"黄帝采首山铜，铸鼎于荆山下"；《越绝书》说"禹穴之时，以铜为兵"。考古资料表明，已知最早的铜器，是1973年在陕西姜寨仰韶文化遗址里发现的一个黄铜片，经碳14测

定为距今 5970 年。综合文献记载，证明约在 6000 年前，中国进入了文明时代。

另一些学者则认为，在距今 5000 年左右的甘肃东乡仰韶文化遗址中，发现了目前最古老的真正的青铜刀，因而中国进入文明时代的时间要推迟 1000 年左右。还有人认为，应该以普遍使用青铜器的状况作为看待文明时代的依据。中国文明时代应以商朝为界限，而以河南安阳殷墟为代表的商代后期，是青铜时代的鼎盛时期。

·文字出现说·

众所周知，恩格斯在《家庭、私有制和国家的起源》中，肯定了摩尔根在《古代社会》中的看法，认为文字是文明时代的标志。可关于中国文字出现的时代，历来颇多争议。过去最流行的，是仓颉根据鸟兽足迹造字的传说。现代影响最大的观点则认为，殷墟甲骨文是中国最早的文字。理由是，真正的文字是从象形字开始的，它的出现标志了人类文明时代的开端。

然而，伴随新石器时代陶器符号的发现和研究的深入，上述的传统说法受到了巨大的冲击。郭沫若、于省吾、唐兰这些大师级人物，把大约 4500 年前的这种符号，称之为中国最早的文字。又有学者认为，在龙山文化晚期陶器上发现的符号，才是中国真正的最早的文字，还进一步断定它是夏代文字无疑。

·众说纷纭的中国"文字时代"·

对中国最早文字出现的时间上的分歧，进而形成了在中国进入文明时代问题上的不同说法。（1）"国家形成"说。有学者认为，人类文明的发端就是剥削的开始，因而国家的形成是进入文明时代的契机。可对于中国国家出现的时间，学术界有大汶口文化晚期、尧舜时期、夏代、商代和西周5种说法。现在,多数学者认为,中国第一个奴隶制国家是夏朝。(2)"综合因素"说。有学者认为,文明是奴隶社会的产物,金属工具和文字的使用,是文明时代的标志。结合物质文明和精神文明因素,这样才能得出较为科学的结论。综合起来看,中国文明时代,起源于公元前2500—前2400年间的龙山文化晚期,这就是传说中的黄帝时期,比夏朝要早300—400年。为此,黄帝有"奠定中国文明基础第一人"之誉,人们尊他为华夏始祖。

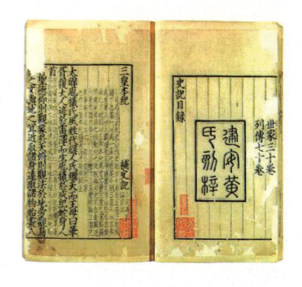

文化艺术之谜

WENHUAYISHUZHIMI

中国历史文化未解之谜

汉字究竟起源于何时?

HANZIJIUJINGQIYUANYUHESHI

世界上最古老的文字有三种:苏美尔人和巴比伦人的楔形文字,埃及的图画文字和中国的汉字。楔形文字和图画文字,大约出现在公元前3500—公元前3000年左右,但埃及的图画文字早在公元前5世纪就灭绝了,楔形文字也在一个世纪后同波斯王国一起消失了。惟独中国汉字青春常在,成为至今还在通行的世界上最古老的文字。

·中国文字起源·

最早研究中国文字起源的记载,大约是出现于战国的《易·系辞》。所谓"上古结绳而治,后世圣人易之以书契",认定结绳是汉字的起源。直至清末,持这种观点的还大有人在。但不少学者表示异议,他们认为结绳是上古用以记事的方法,终归还不能算是文字,就如同原始的族徽和图腾不能算作文字一样。

·仓颉造字·

最流行的说法,自然还是仓颉〔jié〕造字。《世本》、《荀子》、《韩非子》、《吕氏春秋》对此均有记述。《历代神仙通鉴》说得更活灵活现:仓颉自幼善画,看到一头灵龟,他就揣摩龟身上的纹理;见到一群鸟儿,他就琢磨鸟留在沙地上的爪印。后来,他依照龟文鸟迹,一划一竖,一点一圈,撇捺钩挑,配聚而成了文字。可仓颉又是怎样的一位人物?属于哪个朝代?有的说是上古的帝王,有的说是黄帝的史官,有的说是神农或黄帝,还有说是炎帝的。众说

纷纭，莫衷一是。比较通行的说法，认为他是黄帝的史官。所以，在陕西白水县，他的生活之地和最后的安葬之所，就叫史官乡。在中国民间，一直把仓颉奉为造字神。

事实上，造字是人类的一种群体活动，是许许多多人共同努力的结果。一般说来，文字有一个从多元到单元，从简单到复杂再到简单，从表形到表音、表义的过程。在这个过程中，一些聪明智慧之士，集中总结了人们的集体创造，加以整理、加工和提高，从而对文字的形成做出了很大的贡献。仓颉大约是他们当中最杰出的一位，他于是便成了千古流芳的造字神。

一些学者认为，古人书写文字，最初是用刀刻而不是用笔写。他们进一步推断，中国最早的文字，是立于浙江绍兴禹王庙内的一块《岣嵝〔Gǒulǒu〕碑》上的刻文。但有人又认为，此碑是明代翻刻而立的，完全是伪作。

·中国文字源始于殷商？·

目前，比较通行的说法是，中国文字源始于殷商。支持这种说法的有力证据，就是1899年甲骨文的发现。甲骨文是一种刻在龟甲和兽骨上的文字，内容主要是商王祭祀时占卜吉凶祸福的卜辞。至今已发现的甲骨多达10万余片，甲骨文单字约有4500字，可认识的约1700字左右。这是一种成熟而严谨的文字，今天的汉字就是由它发展而来的。

以郭沫若为代表的一些权威学者，认为甲骨文既然是一种成熟的文字，那么商代初期乃至以前的若干年，中国就已经有了文字。他还进一步强调，西安半坡遗址中的彩陶上的简单刻画，"无疑是具有文字性质的符号"，这"就是中国文字的起源"。如此说来，中国文字的起源，距今已有6000年了，真可谓是源远流长。但究竟是不是呢？

"华夏"之谜
HUAXIAZHIMI

中国人自称为华夏子孙，"华夏"一词究竟缘何而来的，它是中华民族的一种别称，还是中原地区的一种代称？对此，古往今来人们一直争论不休，至今尚无定论。

>> ·指称民族还是地域·

虽然现在提倡中华民族的概念，可是以前有很多人认为华夏族就是汉族的前身。虽然这种民族观念有点狭隘，但也是一种流传下来的说法。而对于"华夏"一词的得名，就众说纷纭了。一种观点认为，当时的华夏族居住在华山周围、夏水旁边，于是有了这个称谓。另一种观点认为，夏族本来是一个古老的民族，由于后来生活迁徙，形成了华夏、西夏和大夏。这样看来，华夏就只是夏族的一个分支而已。但是有一部分人坚持华夏指代的是地域而非民族。其中一种观点说，在周朝时是按照文化高低来分定地域的，文化高的叫华，低的叫夏，二者合起来就是指代整个中原地区。而中原之外的地区，就被人们叫做东夷、南蛮、西戎、北狄。由于后来历史的变化，文化逐渐合流，东南西北的少数民族都被纳入了中华文化的范畴，于是中华民族的概念形成，我们今天也把它叫做华夏民族。另一种观点则认为，华夏只是中华民族远祖的一部分，他们当时活跃于中原地带，并产生了著名的炎黄二帝。华夏集团由于逐渐战胜了其他集团，取得了领导地位，于是被认为是中华民族的代表。"华夏"一词究竟如何得名的？还需进一步探讨和研究。

陶器上的几何纹有什么含义？
TAOQISHANGDEJIHEWENYOUSHENMEHANYI

ZHONGGUOLISHIWENHUAWEIJIEZHIMI

中国的雕塑艺术，可上溯到距今 7000 年左右的新石器时代。新石器时代的陶器纹饰，逐渐由生动的动物图案转化为抽象的几何印纹，多数是优美而流畅的直线、曲线、水波纹、云雷纹、漩涡纹、圆圈纹。关于这些几何纹的含义、起因和来源，考古界、美术界颇有争论。

·由实用向审美观念的转化·

几何印纹首先是由制陶工艺决定的。最初的手制陶器，要经过拍打陶胎，以使陶器致密、耐用。陶拍上捆扎的绳索，在陶器表面上留下了印纹，这是几何印纹陶的萌芽。早期几何印纹陶的纹样与生活密切相关，如江南常见的方格纹、网结纹、席纹这类编织纹，就与南方地区盛产竹、苇、藤、麻之类的编织物有关。叶脉纹是树叶脉纹的模拟，水波纹是水波的形象化，云雷纹来源于流水的漩涡。在实用的基础上，伴随社会经济的发展，人们对于陶器，在实用之外还要求美观。于是，陶器纹饰逐渐规整化、图案化，装饰的需要便成为第一位的事情。抽象的几何纹，实质上反映了原始人的审美观念已经从实用中分离、提炼出来。

·几何印纹陶纹饰·

南方的许多几何形图案，与古越族蛇图腾的崇拜有关，如漩涡纹似蛇的盘曲状，水波纹似蛇的爬行状。在古代社会，陶器纹饰还谈不上是一种装饰艺术，彩陶纹饰是一定的

人们共同体的标志，是氏族的共同体在物质文化上的一种表现，它在绝大多数场合下是作为氏族图腾崇拜的标志而存在的。几何形图案花纹，可能是由动物图案演化而来。半坡类型彩陶直线形纹饰，是由鱼纹变化而来的；庙底沟类型彩陶螺旋形纹饰，是由鸟纹变化而来的；北方波浪形的曲线纹和垂幛纹，是由蛙纹演变而来的。如果彩陶几何纹确实是氏族部落的图腾标志，那么，属于半坡与庙底沟类型的彩陶纹饰，则分别代表属于以鱼和鸟为图腾的不同部落氏族。当时彩陶纹饰的演化规律，是由写实的、生动的、多样化的动物形象，演化而成抽象的、符号的、规范化的几何纹饰。从动物形象到几何图案的彩陶纹饰，在今天的人们看来，似乎只是纯形式的"装饰"、"美观"的几何印纹，而当年却是具有非常重要的氏族图腾含义的。

·来源于生产和生活·

甘肃出土的人头形器口彩陶器，人面上画有类似山猫或虎豹之类的兽皮花纹，人头形器口彩陶瓶瓶身上画有鸟纹。这是当时人们的文面和文身习俗的反映。而文面和文身的本质目的，是通过部族的共同装饰来加强联系的观念，同时对异族或猛兽具有某种威慑感。所以，当时的人们，还没有把"美观"、"装饰"作为第一位的需要，彩陶的制作尚没有上升到审美第一的高度。彩陶的几何纹，不能主要归结为图腾崇拜。西藏一处新石器时代的遗址中，发现了许多动物骨骼，有鼠、兔、狐、猪、马鹿、牛、黄羊等。说明这些动物与人们有密切的关系，它们很有可能就是人们的食物。至于西安半坡遗址中还发现有一陶罐粟，足见人们已离不开农业了。以上这些作为人们重要食物的动物、植物，当然不可能都是该部族的图腾崇拜对象。可见，几何纹本身也许就是一纹多义的，一个纹样代表几种事物，包含几种含义。

是谁最早发现了甲骨文?
SHISHUIZUIZAOFAXIANLEJIAGUWEN

ZHONGGUOLISHIWENHUAWEIJIEZHIMI

关于甲骨文的发现，最流行的说法是：1899 年，国子监祭酒王懿〔yì〕荣患病，延请太医诊脉处方，派家人从达仁堂中药店抓回一副中药。在药中的"龙骨"上，他发现刻有篆字，不觉大喜，便以每字 2 两银子的高价，把那些有字的"龙骨"买了下来。从此，甲骨文遂为世人所注目。

·发现者是京官还是秀才？·

有人认为，王懿荣购龙骨的故事是可信的，他自然是甲骨文的最早发现者。1931 年，一个化名"汐翁"的人，发表了《龟甲文》一文。说是王懿荣抓了药回家，刘鹗从药里发现了甲骨文后告诉了王。于是，一个传说就成了有文字依据的事实了。1933 年，王汉章在《古董录》中说，王懿荣"细为考订，始知为商代卜骨，至其文字，则确在篆籀〔zhòu〕之前"。近年，《建国以来甲骨文研究》一书，更明确指出：王懿荣不仅第一个发现了甲骨文，还首先把它的时代断为商代。

针对这一结论，有人提出了异议：(1) 那时国内烽火四起，"八国联军"进北京后，王懿荣投花园水池而死，还来不及对甲骨文加以研究。(2) 光绪年间，北京菜市口没有达仁堂中药店。况且，中药店按药方抓出的"龙骨"，总要捣成粉或颗粒，不可能在上面发现

有文字。（3）据甲骨文故乡的人回忆，当年卖给中药店的甲骨是无字的，若有字要事先刮去才可能卖得掉。据此，胡朴安在《中国文字学史》中认为，甲骨文"出土之时，为福山王氏懿荣所得，不过视为古董之类"。

应当说，有字的甲骨文，最初是河南安阳小屯村的农民发现的。1935 年，王襄在《室殷契》中认为，早在 1898 年以前，小屯村农民就发现了甲骨文。在王懿荣出高价收买甲骨文的前一年，古董商已将它携至天津出售。天津的王襄、孟定生这两个穷秀才，已辨认出甲骨是古代遗物，还定名为"古简"。因无钱收购，遂为王懿荣所得。

>>> ·谁最早断定为商代遗物·

甲骨文发现之初，因这种古文字刚见天日，又从未见于经传的记载，学者们先是把它确定在夏商二代。1914 年，罗振玉《殷墟书契》一书的出版，甲骨文为商代遗物的结论，遂为多数学者承认。王懿荣殉难后，家人为了还债，把他生前搜集的一千多片甲骨全部卖给了刘鹗，刘后来又收购了三千余片甲骨。1903 年，他把甲骨分类拓印，这就是中国第一部甲骨文书籍——《铁云藏龟》，他在《序言》中说："不意二千余年后转得目睹殷人刀笔文字非大幸与！"但有人认为，王懿荣发现甲骨文之时，刘鹗正在北京，甲骨文是经他俩仔细鉴定研究之后，共同认定是商代的遗物。

1908 年，罗振玉多方探求，用重金对古董商加以利诱，获知"甲骨发现之地，乃在安阳县西北五里之小屯"。《史记·殷本纪》开首便说，殷的始祖殷契，始封于商。另外，北宋以来，安阳就有不少殷代遗物出土。他据文献记载，结合古物出土情况，查考出安阳乃殷代后期首都所在地，从而作出了甲骨卜辞为"殷室王朝之遗物"的推断。据此，有人认为，首先把甲骨文定为商代遗物的是罗振玉。

不过，有的学者又持有异议，认为首先断定甲骨文为商代遗物的，乃是王襄和孟定生。依据是，1898 年，潍县古董商人范寿轩到天津出售古物，向王、孟请教甲骨知识，孟判断可能是古代的简策。1899 年，范寿轩由小屯村购回甲骨带到天津，再请王、孟鉴定，始确定为商代古文字。

勾股定理究竟是谁发明的?
GOUGUDINGLIJIUJINGSHISHUIFAMINGDE

ZHONGGUOLISHIWENHUAWEIJIEZHIMI

在中国、埃及、巴比伦、希腊几个文明古国中，人们早就认识到了直角三角形三条边关系的定理。中国古称直角边为"勾"与"股"，斜边为"弦"、"径"，这条定理因而称之为"勾股定理"。可这条定理的发明权究竟应该归谁呢?

·最古老的算书《周髀算经》·

西方人称这条定理为"毕达哥拉斯定理"，自然是把它归功于古希腊哲学家毕达哥拉斯。

毕达哥拉斯生于公元前585年左右。而中国现存最古老的算书《周髀〔bì〕算经》中记载，早在公元前11世纪的西周初年，有个名叫商高的人，已经明确指出了"勾三股四径五"的关系，这比毕达哥拉斯要早500年。

"髀"原意为股骨，这里指的是古代测量日影的表尺，"周髀"则意为记载从周代传下来的一些天文测量算法。《周髀算经》这部书，以西周开国功臣周公与商高的一段对话开始，生动描绘出一位贤明谦恭的政治家和一位渊博睿智的学者的鲜明形象。

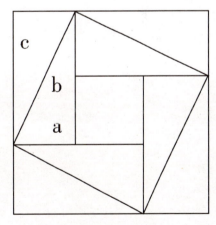

周公先问商高，古时候伏羲氏测天制历，而天无台阶可攀，地难尺寸度量，请问数从何而来？商高回答说，是通过测量计算而得出的。测量工具"矩"，是一条木头按3、4、5比例分为三段做成的直角三角形。"折矩以为勾，广三，股修四，径隅五"，"故禹之所以治天下者，此数之所生也"。周公又"请问用矩之道"，商高详细讲解了各种用矩测量的方法。周公听后，对商高十分叹服。这段话既揭示了勾股径的关系，又体现了中国古代数学的特点：形与数结合，理论与实践结合。

在这部书里，还记录了陈子与荣方对如何测量太阳到地球距离的讨论，涉及到勾股定理的具体应用。

·成书年代·

关于《周髀算经》的成书年代，学界存在不同看法。最早给这部书作注的是后汉人赵爽，而蔡邕在《表志》中也引用过《周髀算经》，所以，估计成书不会晚于汉末，多数学者认为是在公元前1世纪前后。不过，又有人认为，它最终定型在汉末，但主要内容取自周代的数学天文书籍，要算是周代的成果。

人们还注意到，在《汉书·艺文志》中，并未列入《周髀算经》，究竟是当时该书尚未诞生，还是经过秦始皇焚书后而失传了？还有，是否班固认为它不重要而忽略了呢？

至于商高和陈子、荣方这三人，自然还有他们所说的话，是否也是子虚乌有？因为，在先秦史籍中，没有任何的蛛丝马迹。

不过，有人又认为，周代的天文测量历算，完全可能达到《周髀算经》所描述的水平。周代设有"大司徒"，其任务之一，就是在夏至日立表观测日地距。至今，在河南登封县还有周代观景台遗址。商高这个人，很可能就是主管天文测量和历算的官员。至于陈子测日高，很可能也是一件历史的真事。果真如此，"勾股定理"的发明权，自然也就属于中国人！

算盘究竟起源于何时？
SUANPANJIUJINGQIYUANYUHESHI

珠算，是以算盘为工具进行数学计算的一种技术。算盘的历史悠久，是中华民族宝贵的文化遗产，有中国的"第五大发明"之誉。可珠算和算盘究竟起源于何时呢？

≫ ·汉代说·

这种观点的依据之一：东汉徐岳的《数术记遗》一书，著录了 14 种算法，第 13 种就是"珠算"。6 世纪，北周甄鸾〔Zhēnluán〕还给这本书作了注解。但有人认为，《数术记遗》既无珠算的图样，又叙述不明，语句不详，很可能是甄鸾伪托徐岳之名而作的。

依据之二：1954 年，在山东出土的"沂南古汉墓"第 6、7 幅拓片中，有"长方形盘，盘中有三格，每格排列八颗珠"，这是《数术记遗》中提到"珠算"的一个形象佐证。但也有人认为，那根本不是算盘，而是卜卦一类的工具而已。

≫ ·唐代说·

这种观点的依据之一：北宋张择端的《清明上河图》中的算盘图。一种新生事物的出现和确立，决非一朝一夕之事。算盘已成为宋代画家笔下之物，可推想它于唐代已推广至市井，普及在民间了。

依据之二：唐代中、后期，商业日盛，计算日繁，为适应商业计算的发展，算盘随之"应运而生"。另外，在唐朝中、后期兴起了"一位算法"热浪，这是珠算产生的重要标志。

≫ ·宋代说·

这种观点的依据之一：1921 年，在河北巨鹿宋代故城出土一颗算盘珠。质

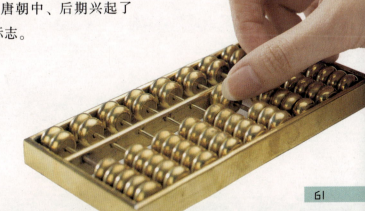

地为木，形与现代算珠一样为鼓形，中间有孔。这是宋代说的重要实物佐证。

依据之二：北宋元丰年间和南宋绍兴、淳熙年间，有算书《盘珠集》、《走盘集》。二书虽已失传，但从书名推断，是有关"算盘"的书籍无疑。

依据之三：在《清明上河图》最左端，有一家"赵太丞"药铺，药铺的正面桌上，放一用品，形状大小如算盘，档次十五，历历可数。多数人认为，此物正是"算盘"。但因画面老化，色彩模糊，画上梁、珠若有若无。所以，有人认为那是钱盘，还有人认为是水牌。

依据之四：元代陶宗仪《南村辍耕录》引谚语："凡纳婢仆，初来时曰擂盘珠，言不拨自动；稍久，曰算盘珠，言拨之则动；既久，曰佛顶珠，言终日凝然，虽拨亦不动。"故为后人称作"三珠戏语"。清代《四库全书总目提要》解释说："宋人三珠戏语，已有算盘珠之说，则是法盛行于宋矣。"

·元代说·

这种观点的依据之一：清代钱大昕在《十驾斋养新录》中说："今用算盘，以木为珠，不知何人所造，亦未审起于何时。按陶南村《辍耕录》有擂盘珠、算盘珠之喻，则元代已有之矣。"

依据之二：在明朝初年，刊印的《魁本对相四言杂字》，类似今日儿童读物，已经出现算盘的图形。另外，在元曲《庞居士误放来生债》中，有关于算盘的唱词。可见，在元朝民间已经普遍使用算盘了。

·明代说·

这种观点的依据之一：清代梅文鼎在《古算器考》中说："今用珠盘，起于何时，曰古书散亡，苦无明据，然以愚度之，亦起明初耳。"

依据之二：洪武年间的《魁本对相四言杂字》中有算盘图，永乐年间的《鲁班木经》中介绍了制作算盘的规格、尺寸，足可表明算盘起源于明代。但明朝程大位的《直指算法统宗》，对珠算各种计算方法作了完整、系统的介绍，可称集珠算之大成，这说明算盘在明代已很普及了。

·西周说·

这是近年的新说法。理由是：1978年，在陕西岐山古周原区发掘出90粒陶丸。从陶丸出土的位置、形状及不同颜色、数量组合来推论，这是西周早期宫廷内所用的一种计算工具，即最早的珠算，距今已有三千多年历史。但多数人认为，这陶丸不是算珠，可能是周人打鸟用的弹丸、玩具之类的东西。

木牛流马之谜
MUNIULIUMAZHIMI

木牛流马是三国时期蜀国著名政治家诸葛亮（公元181—234年）的诸多创造之一。据陈寿《三国志·蜀书·诸葛亮传》的记载，"九年（公元231年）春二月，亮复出军围祁山，以木牛运……十二年春二月，亮由斜谷出，始以流马运"，又据《蜀书·后主传》：·"十年，亮休士劝农于黄沙，作流马木牛毕。"那么，木牛流马到底是什么东西呢？

·人力四轮车·

《诸葛亮集·作木牛流马传》称："木牛者，方腹曲头，一脚四足……转者为牛足……流马……前后四脚……形制如象。"可见木牛、流马都是四轮人力木车。

·奇异的自动机械·

曾为《三国志》作注的裴松之说木牛流马形制非常复杂，像是有什么机械运动的原理，后人实不易想象。《南齐书·祖冲之传》称，祖冲之仿照诸葛亮的木牛流马制造了运输工具，不需要风力和水力，"施机自运，不营人运"。

许多人认为是一种独轮车，现代著名历史学家范文澜在其《中国通史》中就采纳了这种说法。但是该派人士中间

又有意见分歧。有人认为木牛流马是一种普通的独轮推车。宋代《事物纪原》说"木牛即今小车之前辕者，流马即今独车者也"；《后山谈丛》也说，"蜀中有小车独推，载八石，前如牛头，又有大车用四人推，载十石，盖木牛流马也"。也有人认为，木牛流马是一种独特的独轮车。从川北广元一带现存古栈道遗迹计算栈道的宽度、坡度及承重量等，再结合史籍的有关记载，可以看出木牛流马是独特的独轮车。木牛有前辕，人畜前面拉，后面有人推。流马与木牛大致相同，但外形、规格不同，行进时仅靠人推，不用人畜拉引。

　　"流马"、"木牛"到底是何物？由于原始资料不足，后人只能进行一些推测。看来，这一问题的解决尚待更可靠资料的发现。

"八卦"究竟象征着什么？

BAGUAJIUJINGXIANGZHENGZHESHENME

《周易》是一座神秘的殿堂。直到21世纪的今天，它还散发着神秘的幽光。它是唯心主义、神秘主义的渊薮，却与现代科学也有息息相通的地方。这是一部讲八卦的书，然而，八卦是怎样产生的呢？

·八种图形·

八卦是《周易》中的八种图形，用"—"和"--"符号组成，以"—"为阳，以"--"为阴。它们的名称是：乾、坤、震、巽〔xùn〕、坎、离、艮〔gèn〕、兑，分别象征天、地、雷、风、水、火、山、泽八种自然现象。在八卦之中，乾坤两卦占有特别重要的地位，而阳"—"和阴"--"两个符号更是最基本的元素。那么，这"—"和"--"象征着什么呢？对此，古往今来的解释，可谓多不胜数。

《易·系辞下》说："古者包牺氏之王天下也，仰则观象于天，俯则观法于地，观鸟兽之文与地之宜，近取诸身，远取诸物，于是始作八卦。"这是追溯八卦起源的最早的一种尝试，它羞羞答答地道出一个事实：神秘的八卦起源于最简单的事实。可这个最简单的事实是什么？说法就不一了。

范文澜认为，八卦是由数字、或图画文字、或结绳引导出来的。这也就是说，八卦可能是中国文字的雏形。

郭沫若对八卦卦形与既成文字进行对比研究，认为八卦大部分是由既成文字诱导出来的。举例来说，"坎"所象征的是水，卦象正与古文"水"字同，只不过字被拉直了，又被横置起来了。

·男女性器官的象征·

郭沫若还认为，八卦中的阳爻〔yáo〕"—"和阴爻"--"，分别是男女性器官的象征。他说，八卦的根柢，可以看出是古代生殖器崇拜的孑遗。事实上，最早提出这种说法的是钱玄同，他说，乾坤两卦就是两性生殖器的记号，初演为八，再演为六十四，大家拿它来做卜筮之用。

·龟卜兆纹所演化·

以屈万里、冯友兰和日本学者本田成之为代表的人认为，卦是由龟卜兆纹所演化。商代人遇事必用龟卜问吉凶，他们拿一个龟壳作占卜的工具，先把要卜的问题提出来，然后在龟壳上用刀钻一下，把钻的地方在火上烤，这时就有许多裂纹围绕在钻的地方出现，这些裂纹叫做"兆"。卜官根据这些兆断定所问的事是吉是凶。而八卦，就是对"兆"的摹仿。有一种说法与此相近，是说八卦中的"—"和"--"，是龟甲刻文的标志，从这种标志演进而有数的参伍排比，遂演变成八卦，进而又演变成六十四卦。

张政则认为，卜和筮是古代占卜的两种方法。"卜"就是用乌龟壳或牛肩胛骨，先钻后灼，以求卜兆，据以判断吉凶，这一类如甲骨文便是；"筮"则不然，它是利用蓍策，按照一定的方法左数右数，求得几个数目字借以判断吉凶，这才是《周易》的八卦。这种方法是人们对于数已有了奇偶分类观念而形成的，它是中国人在数理方面的一种抽象概念的产生和应用的实录。

有人还依据民族学的研究提出，八卦的阳爻和阴爻，只是古代巫师举行筮法时用来表示奇数和偶数的符号，卦则是3个奇偶数的排列和组合。凉山彝族流行的"雷夫孜"，就是这类占卜方法。这种说法是有启发意义的，但尚未得到学术界的公认。

看来，八卦起源之谜，还不是近期所能解开的。

是谁在泰山上立了无字碑?
SHISHUIZAITAISHANSHANGLILEWUZIBEI

ZHONGGUOLISHIWENHUAWEIJIEZHIMI

在泰山之巅的玉皇殿门外，有一方高6米、宽1.2米、厚0.9米的长方形石表，门中透黄，形制古朴，石上无字，人称泰山"无字碑"。对这方石碑，历代文人墨客留下了不少的吟咏。从这些诗句看来，泰山无字碑是秦始皇所立，立碑的目的在于焚书。是否如此呢？

·泰山无字碑并不是秦始皇所立·

据《史记·秦始皇本纪》载，公元前219年，秦始皇第二次出巡，到达了今山东省邹县，在泰山上的确立了碑。但碑是刻有文字的，绝不是无字之碑。但焚书发生在公元前213年，秦始皇不可能在6年前就有焚书的计划，可见，无字碑与焚书之举风马牛不相及。

秦始皇的泰山碑早已不存。现存岱庙的秦碑，是公元前209年秦二世的诏书，由丞相李斯篆书镌刻的。碑原立于玉女池旁，高不过4—5尺，有222字。到宋代，碑上还剩146字。明代嘉靖年间，碑移至碧霞祠，仅剩29字。这方石碑是现存最早的文字石刻之一。

泰山无字碑不是秦始皇所立，这是毫无疑义的。那么，这方石碑究竟为何人所立呢？看来立于汉武帝之时是有可能的。

·泰山无字碑是否是汉武帝所立?

汉武帝即位不久，就有封禅〔shàn〕泰山的念头。

但据《西汉会要·封禅》记载，汉武帝即位之初未能如愿封禅，一是巡狩、封禅的仪式尚未制定好，二是窦太后暗中所阻，迫使鼓吹封禅的儒生赵绾、王臧自杀，以惩一儆百。

司马相如生前留有一封遗书，力劝武帝上泰山封禅。于是，汉武帝旧话重提，召集五十余名儒生，讨论、起草封禅仪式。可几年过去了，拿不出方案来，故而封禅之事又暂搁下了。

公元前110年，汉武帝终于走出皇宫，踏上登泰山封禅的旅程。次年初，他"立石之泰山巅"，与现存的无字碑位置相似，是在泰山极顶，很有可能泰山无字碑就是汉武帝所立的。

按照古代的制度，不是开国皇帝，是没有资格在泰山刻石纪号的。所以，汉武帝只能立石而不能刻字。

有人认为，封禅是古代帝王祭天地的大典，"自古受命帝王曷尝不封禅"。传说从上古至周成王时，前后有72个帝王到泰山封禅，《封禅书》记下无怀氏、尧、舜、周成王12位帝王。泰山无字碑，谁也说不清究竟是谁立的。还有人认为，泰山无字碑原是有字碑，只是饱经风雨，字被风化剥蚀殆尽，以致无迹可寻。可风化说未必可信，现存无字碑石的风化并不严重，何况只是到了宋朝，它才被称之为无字碑的。假如是秦碑，秦二世碑在宋代之时尚可辨认出146字，这方石碑不可能剥蚀得一字无存。假如是汉碑，更不会剥蚀得那么严重。

铜奔马的造型究竟象征什么?
TONGBENMADEZAOXINGJIUJINGXIANGZHENGSHENME

1969 年 10 月,在甘肃武威县城北,发掘一座东汉的张姓将军墓,出土了一具高 34.5 厘米的铜马俑。铜马俑作疾速奔驰状,右后蹄附一飞鸟,既表现出高度的浪漫主义意境,又稳定了铜马俑本身的重心,堪称古代青铜艺术中无与伦比的珍品。但铜马俑究竟象征的是什么?这是一个亟待解开的谜。

·"马踏飞燕"·

铜马俑的造型独特,它昂首嘶鸣,马蹄腾空,作风驰电掣般的奔驰,由郭沫若命名为"铜奔马"。铜马俑最精妙之处,在于右后蹄下踏一飞鸟,仅以"奔马"名之,好像还不足表现全部的意境。所以,有人又称之为"马踏飞燕"。

·"天马"·

有人认为,铜马俑所附飞鸟,从造型看不像是燕子,而是龙雀,应该称之为"马踏龙雀"。可问题在于龙雀是风神,这种神鸟,岂能是奔马所踏之物?在东汉张衡的《东京赋》中,尽管有"铜雀蟠蜿,天马半汉"之句,但这是称宫内龙雀、天马两件对应的东西。所以,常书鸿认为这具铜马俑就是"天马"。奔马足踏飞燕,不正是遨游空中的"天马"形象吗?再说,汉代称产自大宛的良种汗血马为"天

马"，铜马俑出土于武威，说明铜马俑与产于西北的良马有关。

但有人提出，"天马"，在汉代专指大宛汗血马及有关的宫内陈列品。汉明帝为置飞廉（铜制龙雀）、铜马（铜制"天马"）于洛阳，亲自出行到西安迎取。总之，无论"天马"是指真马还是铜马，它都只是皇家威仪的象征，臣民不可能享用，墓主张姓将军怎能例外呢？

>>> · "马神——天驷" ·

还有人认为，这具铜马俑是"马神——天驷"。秦汉以前，人们崇"天驷"为"马神"（后人俗称"马王爷"）。自商周以来，征战之中少不了骏马，因而就产生了对马祖神的崇拜和祭祀。墓主人张姓将军生前率骑戍边，供奉马神，死后以将军银印和铜制马神殉葬，以期庇佑他在幽冥世界的尊荣，这当是很自然的事情。

"商人"名称是怎样产生的?
SHANGRENMINGCHENGSHIZENYANGCHANSHENGDE

ZHONGGUOLISHIWENHUAWEIJIEZHIMI

通常,人们把从事商品买卖的人叫"商人",把这种活动称之为"商业"。可"商"字缘何而来?它的含义又如何呢?对此,人们有种种不同的推测。

·"商人"名称的起源·

从现有资料来看,人们多把"商人"名称的起源与商代的历史联系起来。早在1927年,史学家徐中舒著文指出,由于商人重视商业和善于经商,所以"商贾之名,疑即由殷人而起"。据说,武王伐纣灭掉商朝后,把商朝的遗民分给了各诸侯国。鲁国、卫国分到的是手工业者和种田人,郑国分到的是做买卖的生意人。郑桓公对待这些商朝的遗民,一方面要求他们务农,另一方面又允许他们在农闲从事商业活动。李亚农在《殷代社会生活》一书中说:"由于殷人善贾,周人重农,后来周人以贱视殷人鄙视贾人,竟通称贾人为商人了。这就是中国人称生意人为'商人'的缘由。"

郭沫若对此有不同的看法,他说,在周初人的眼里,认为商业活动始于商朝。所以,后世称经营这种行为的人为"商人"。他在《中国史稿》中又说,由于农业、手工业和畜牧业之间的分工,各产业部门内部分工日趋巩固和加强,商品生产和交换在商代取得显著发展,"商人"的名称可能即由此而来。

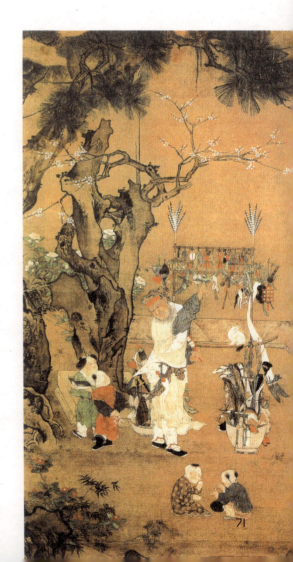

·买卖人的通称·

吴慧在《中国古代商业史》一书中，认为商朝覆灭后，商族人成了周朝的种族奴隶，被迫迁居到各地。为了增加收入，他们听从了周公的告诫，把经营商业作为副业。在周人的心目中，做买卖的人就是商人。以后，尽管商、周两族的民族界限逐渐泯灭了，买卖人不再以商族人为主体，但人们仍把"商人"作为买卖人的通称，并把"行商坐贾"也统称为"商人"。这表明周初"商人"的形成原因，的确与商朝的历史有关。

·"商人"出自商国·

近些年，王志昌一反常规，不谈商朝遗民，而是从"商丘"、"商国"这两个地名与国名入手。他认为，在夏代，契的孙子相土被封于商丘，这里因而称之为"商国"。相土认识到商丘地点适中，交通方便，便发明了马车，运输货物，往来买卖，生意兴隆。商国的人们纷纷仿效，到周围的一些小国、部落做买卖，从事商业活动。由于从事商业活动时间最早、人数最多的是商国人，所以，周围的人们慢慢形成了一个习惯的认识，一见做买卖的人便认为是商国人，称呼他们为"商人"。这就是"商人"这个名称的来历。简言之，商国源于"商丘"，"商人"出自商国。

少林拳法鼻祖之谜
SHAOLINQUANFABIZUZHIMI

ZHONGGUOLISHIWENHUAWEIJIEZHIMI

少林寺的得名，大半是由于少林武术的功劳，而在少林武术中，开碑裂石、力贯千斤的少林拳更是让人叹服不已而心向往之。但是，中国少林拳法的鼻祖是谁？这一点历来有许多说法。一说是南北朝后期来中国传教的天竺僧人达摩；另一说是公元502年，比天竺僧人早7年来中国传教的南印度香至国三王子菩提达摩。但是，前者有"创拳"祖师的传说，后者有"传拳"祖师的传说。那到底中国少林拳法"创拳"或"传拳"的鼻祖是谁呢？

（横挡步）　　　　（虚步）　　　　（独立）

（弓步）　　　（马步）　　　（歇步）　　　（仆步）

>>> ·禅宗东土始祖·

说中国少林拳法鼻祖是南北朝后期泛海来中国传教的天竺国僧人达摩，是有一定理论根据的。据民间传说，在南北朝后期，有一个叫达摩的天竺僧人从海路来中国传教，先在南方，后辗转到北方。美国《世界日报》1984年11月11日的《残留在印度的古少林寺拳法》一文中有一段很长的论述："少林拳源自中国河南省登封县少室山北麓的少林寺……少林寺建于北魏孝文帝太和二十年（公元468年），孝文帝为了礼敬跋陀（佛陀）禅师而建立，成为中国佛教史上的禅宗发源地。达摩于梁武帝大通元年（公元527年，比民间传说早198年）渡海到广州。梁武帝即派人迎至建业（南京）。可惜二人话不投机，达摩遂渡江到北魏，于少林寺面壁9年，使少林寺成为少林拳的发祥地，达摩则被尊为禅宗东土始祖。达摩在少林寺传法，许多修行僧人体力不支，纷纷另求他去。达摩

发觉这样不是办法，因此精心研究'洗髓经'和'易筋经'以传授门徒，成为少林拳的由来，于是有'达摩创拳'的说法。"

>>> ·中国少林拳法的鼻祖·

还有一种说法认为，中国少林拳法鼻祖是南印度香至国（现今塔米尔省的康吉普拉姆的地方）的三王子菩提达摩于梁武帝普通元年（公元520年，比天竺国僧人达摩早来中国7年）从海路到中国广州，后来又到了嵩山，开创了拳法。如果这是事实，那么，南印度香至国菩提达摩才是中国少林拳法的鼻祖。有一些明智的学者怀疑"天竺僧人达摩"与"南印度香至国菩提达摩"是同一人。但如是一人，为何来中国时间的差异那样大？如果这是事实，那么，相同之处，二人都是泛海到中国又辗转到少林寺。但中国少林寺拳法是达摩所创，还是菩提达摩所传？他们谁是少林拳法的"鼻祖"？这些问题尚在探究之中。

故宫御花园 "欺君画" 之谜
GUGONGYUHUAYUANQIJUNHUAZHIMI

　　北京城中心有一片富丽堂皇的古建筑群，此即明、清两代皇宫"紫禁城"，一般人称之为故宫。故宫共占地72万平方米，四周有高墙相绕，墙外是深而宽的宫河。墙内据说建有各类宫殿九千九百九十九间半，可谓人世间之最。这里前殿后宫，既是皇帝办公的场所，又是他们生活、享乐之地。在皇妃居住的内宫附近，有一所精美绝伦的御花园，这是皇帝和后妃经常赏玩的地方。

·四组"欺君画"历经明清两代·

　　御花园西侧千秋亭附近的通道上有着四组石刻画，谁能料到，就在皇帝的眼皮底下，竟数百年保存着明显犯上作乱的画。

　　石刻画的第一组描绘皇帝头顶花瓶，两手撑在地上，跪在搓衣板上，呈毕恭毕敬状；一位宫女洋洋得意地骑在皇帝身上，好不自在。第二组画中皇帝的形象就更惨了：他仍跪在搓衣板上，但头上所顶换成了板凳；宫女手拿扫帚痛击皇上，皇帝向骑在自己身上的宫女苦苦求饶。在第三组画中，皇帝头顶一个陶盆，双膝跪在一个女子面前。最后一组画中，皇帝的处境进一步恶化：他骑马落荒而逃，一个女子在后面穷追不休。

　　这样大逆不道的画绝对不可能是在皇帝的首肯下刻画而成的。但是，它们历经明、清两代24位皇帝，居然完好地保存下来，实在是人们不敢想象的。这些欺君画的作者是谁？它们是原来就有的，还是后人补上去的？至今仍令人不解。

《清明上河图》描绘的是清明时节吗？
QINGMINGSHANGHETUMIAOHUIDESHIQINGMINGSHIJIEMA

宋代张择端的《清明上河图》，是中国古代风俗画的杰出代表，流传至今实属不易，现珍藏于北京故宫博物院。可《清明上河图》描绘的是清明时节吗？

▶▶ ·清明时节说·

《清明上河图》描绘的是清明时节，从金代以来，原本没有什么异议。"清明"一词，最初见于金代张著的跋文。他在《向氏评论图画记跋》中说，张择端有《清明上河图》及《西湖争标图》。这样，《清明上河图》之名确定下来。明代李日华在《味水轩日记》中说，画卷上有宋徽宗的瘦金体题签、双龙小印，还有宋徽宗的题诗，诗中有"如在上河春"一句。这样一来，

画卷描绘的是春天景色就更不用怀疑了。到了现当代，郑振铎说："时节是清明的时候，也就是春天三月三日，许多树木还是秃枝光杈，并未长叶，天气还有点凉意，可是严冬已经过去了。"张安治在《中国古代美术作品介绍丛书·清明上河图》一书中说，这幅画是描绘"在清明节这一天城郊人民的种种活动"，展现了一些清明节的风俗特征，如上坟、探亲、轿上插柳枝、大店铺装饰了"彩楼欢门"。

1981年，孔宪易发表《清明上河图的"清明"质疑》一文，这是第一个对画中描写清明节提出异议的。理由是：（1）画卷的开始，一队小驴驮着木炭从小路而来。"这是画家告诉读者，这是秋天，冬日不久来临，这些木炭是东京准备过冬御寒用的"。（2）有一农家短篱内长满了像茄子一类的作物，赵太丞家门口垂柳枝叶茂盛，还有出现了光着上身的儿童，这些不可能

放有切好的瓜块，这是夏秋季节人们再也熟悉不过的西瓜。（8）临河的一家酒店，在酒幌上书写"新酒"二字，这是画家明确告诉读者，画的是中秋节前后。两宋之际无清明卖"新酒"之说，而《东京梦华录》却有"中秋节前，诸店皆卖新酒"的记载。

是清明时节的事物。（3）在乘轿、骑马者带仆从的行列，上坟后回向城市一段。这群人虽有上坟扫墓的可能，倒不如说他们是秋猎而归更恰当些。（4）有不下10个持扇子的人物形象，一般人持扇应该说是夏秋季节用于驱暑、驱蚊。（5）草帽、竹笠在多处出现，这是御暑、御雨的东西。图中没有下雨的迹象，显然是用来遮太阳的，东京的清明节似无此必要。（6）有一处招牌上书写"口暑饮子"字样的小茶水摊，这显然是夏秋暑热季节的佐证。（7）在虹桥的南岸、北岸、桥上有几处摊子上

后来，邹身城发表《宋代形象史料〈清明上河图〉的社会意义》一文，认为"清明"既非节令，亦非地名。画面涉及沿河数里好几处街道，图中景物有摊贩桌上切开的西瓜，有光着上身在街头嬉戏的儿童，还有十多个人挥动扇子，这些显然不是清明时节的征候。这里的"清明"一词，本是画家张择端呈献该画所作的颂辞。所以金代留下的跋文说，"当日翰林呈画本，承平风物正堪传"，点明该图主题在于表现承平风物。

佛教传入中国的时间之谜
FOJIAOCHUANRUZHONGGUODESHIJIANZHIMI

ZHONGGUOLISHIWENHUAWEIJIEZHIMI

佛教是世界三大宗教之一，对中国文化和历史有着巨大的影响。那么，佛教是何时传入中国的呢？

·佛教是两汉传入的吗？·

关于这一问题，说法很多。在众多的史籍中，最早记载佛教传入中国的可靠文献是《三国志·魏志·东夷传》注引《魏略·西戎传》的记载，"昔汉哀帝元寿元年，博士第子景庐受大月氏使伊存口授《浮屠经》"，此处元寿元年是公元前2年。东晋时代，有人对这一记载提出疑问。《魏书·释老志》认为汉武帝遣霍去病讨伐匈奴，获其神人，帝以为大神，列于甘泉宫，烧香礼拜，此处神人即指佛教高僧，也就是说汉武帝时佛教已传入中国。

此外，较为流传的有汉明求法一说："昔汉孝明皇帝，夜梦见神人，身体有金色，项有日光，飞在殿前。意中欣然，甚悦之。明日问群臣，此为何神也？有通人傅毅曰：'臣闻天竺有得道者，号曰佛，轻举能飞。殆将其神也。'于是上悟。即遣使者张骞、羽林中郎将秦景、博士弟子王遵等十二人，至大月氏国，写取佛经四十二章。在十四函中，登起立塔寺。于是道法流布，处处修立佛寺……"

·佛教是秦始皇时代传入的吗？·

除上述说法外，另有人把佛教传入中国的时间提前到秦始皇时代、战国时代，甚至周昭王（公元前10世纪）、周穆王时代。后二说明显不对，因为当时释迦牟尼尚未创立佛教。

现代和当代学者一般持汉明帝永平年间（公元1世纪后半期）佛教传入中国说，或者笼统地说于两汉之际。但是汉明求法说传奇色彩过重，资料中提到的《四十二章经》是东汉末年才出现的，同时汉明帝和张骞〔qiān〕一为东汉时人，一为西汉时人，汉明帝不可能派张骞去求法，显系错误。有鉴于此，不少人对汉明帝说持怀疑态度。

基督教是在何时传入中国的?
JIDUJIAOSHIZAIHESHICHUANRUZHONGGUODE

通常认为，635年，基督教的一支——景教传入中国，这是基督教传华之始。有人认为，问题并不那么简单。一来，在唐代之前，基督教就已传入中国了；二来，"大秦景教流行中国碑"是景教传入中国时间的唯一证据，而它的真伪问题历来多有争议。

·在4世纪以前·

江文汉认为，最早提到基督教传入中国的，是4世纪罗马作家阿尔诺比乌斯写的《驳异教者论》。书中说，传教已遍及印度、赛里斯（丝国）、波斯和米底斯，这里的"赛里斯"指的就是中国。这就是说，基督教可能在4世纪以前就传入中国了。此外，在印度还流行一种传说：耶稣十二使徒之一的多马，从耶路撒冷出发向东而行，在波斯和阿拉伯一带传教，据说还转道来到了中国。但这些仅仅是传说而已，所以，4世纪以前有人在中国传福音之事，似乎是不足以使人信服的。

·"景教碑"·

按传统的说法，景教的传入当在盛唐之初，时称"大秦景教"，简称"大秦教"、"景教"，实际上是基督教的聂斯托里派。该派乘唐朝与波斯、东罗马帝国交往频繁之机，于635年派遣传教士阿罗本，由波斯到达长安。阿罗本受到唐太宗的礼遇，留在

皇宫翻译经书，以后又准他公开传教，还为他在长安义宁坊建造大秦寺一所。大约过了150年，那里还树了一块"大秦景教流行中国碑"，记录了景教150年间发展的经过。后来，唐武宗下令灭佛，同时又禁绝景教，那块"景教碑"随之神秘消失了。800年后的明朝，在西安府城地段，挖出一地大石碑，移至崇仁寺。1907年，又移往碑林。据说，这就是当年那块神秘失踪的"景教碑"。

▶▶▶ ·真伪难辨·

然而，有人对这块碑有疑问。（1）关于出土时间，钱大昕《景教考》定为万历年间（1573—1620年）；林侗《未斋金石刻考略》定为崇祯年间（1628—1644年）；耶稣会士阳玛诺《唐景教碑颂正诠》定为天启三年（1623年）；李之藻《读景教碑书后》定为天启五年（1625年）。（2）关于出土地点，一说在西安城西；一说在西安西南约40英里；一说在盩县城附近；一说在西安与盩之间。（3）关于碑文的真伪，新教的传教士认为，景教碑绝对是真的；18世纪法国思想家伏尔泰则嘲笑说："景教碑恰恰是耶稣会士伪造的。"有人指出："大秦景教流行中国碑"，使用了"中国"一词，恰好暴露了该碑伪造的破绽。"中国"一词，虽早在先秦文献中使用，但后来各个王朝中却很少用它来称呼自己的王朝。在正式场合上，如碑名、书名，一般总是径直用朝代名，而不用"中国"一词。如此看来，基督教何时传入中国的问题，恐怕还会争论下去。

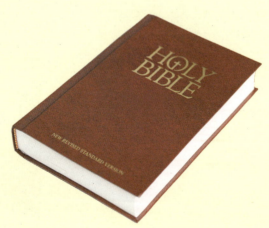

道教起源之谜
DAOJIAOQIYUANZHIMI

ZHONGGUOLISHIWENHUAWEIJIEZHIMI

道教是中华民族的传统宗教，其历史悠久，早在汉代已经流传。然而，这一中国土生土长的宗教究竟始于何时？学术界迄〔qì〕今尚无定论。由于道教组织起于民间，而且带有秘密活动的特点，所以官方的史书不可能对它有较多的反映，这就使研究道教的起源非常困难。

·道教产生的具体时间·

多数著述都说道教产生于东汉。如郭沫若的《中国史稿》、翦〔jiǎn〕伯赞的《中国史纲要》、刘泽华的《中国古代史》以及不少有关论文都认同此说。他们或称"道教形成于东汉"，或称"东汉，道教各个派别正式成立"等等。但是，这些意见亦不能令人满意，因为东汉有近200年的历史，那么道教究竟创立于东汉何时呢？

有人认为道教产生于东汉末年，其主要理由是东汉末年的农民起义大都利用道教作为组织发动的形式。如五斗米道、太平道即为最早的道教组织形式。这种说法不能完全令人信服，因为它忽略了下述基本史实：（1）五斗米道的创始人为张陵，于东汉顺帝年间始创五斗米教。（2）原始道教的经典为《太平清领书》，也就是后来所谓《太平经》。而这在顺帝时，已有琅〔láng〕人宫崇把它献于朝廷。因此，道教产生的年代还应当从东汉末年往前推，至

少应推前至东汉顺帝期间。

　　《宗教词典》和任继愈主编的《中国道教史》都认为道教产生于东汉顺帝年间。日本学者常盘大定的《道教发展史概说》和洼德忠的《道教史》也持这一观点。现有的材料能够充分证明，东汉顺帝时已有原始道教的活动了。但是这不能肯定顺帝之前就不存在这类活动。就拿张陵《学道鹤鸣山中》这则记载来说，说张陵首创五斗米道没问题，可说张陵之前没有其他民间道教活动，就缺乏足够的说服力。而且近年来，随着研究进一步深入，人们从现有的史料中发现，西汉末年已有道士的名称出现，并且有类似于道教传布活动的记载。因此，道教的起源仍是一个难解之谜。

北京故宫为何又叫紫禁城?
BEIJINGGUGONGWEIHEYOUJIAOZIJINCHENG

ZHONGGUOLISHIWENHUAWEIJIEZHIMI

北京的故宫,始建于1406年,是明清两代的皇宫。这是一组巨大的皇家建筑群,黄瓦红墙,宫殿巍峨,过去一直称之为"紫禁城"。在紫禁城里,先后居住过明清两代的24个皇帝。有关它名称的由来,至今仍有多种说法。

·"紫气东来"·

一种说法认为,这和"紫气东来"的典故有关。相传,老子出函谷关,关令尹喜见有紫气从东而来,想必有圣人过关。果然,不多大会儿功夫,见老子骑青牛缓缓而来。关令尹喜对老子毕恭毕敬,老子给他留下一部《道德经》,尔后飘然而去。后人认为,紫气是祥瑞之气,是帝王、圣贤、宝物出现的先兆。杜甫《秋兴》诗说:"西望瑶池降王母,东来紫气满函关。"皇宫自然是紫气升腾之地,四周有又高又厚的城墙和宽阔的护城河,对老百姓来说是寸步不得靠近的禁地,故而称之为"紫禁城"。

·"紫微正中"·

另一种说法认为,这和"紫微正中"的说法有关。古人把天文空星座分为五宫,中央的中宫包括三垣:上垣太微,中垣紫微,下垣天市。紫微垣是天空中的最中心。后来,人们把人世间的事附会到了天上。《晋书·天文志》说:"紫微,大帝之座,

天子之常居也"，认为紫微在天空为天帝的居所，人间的皇宫自然也要如此。紫微就是北极星，在天的中央。"紫微正中"的说法，就是这个意思。帝王虽不能像天帝一样住在天宫，但也把皇宫和"紫微正中"联系在一起，于是称为"紫宫"，皇宫又是老百姓不可接近的禁地，于是叫做"紫禁城"。实际上，"紫禁城"不是城，只是皇宫的代名词而已。

·紫禁城·

紫禁城顺南北方向呈长方形，主要建筑分为外朝和内廷两大部分："前三殿"和"后三宫"。外朝以太和、中和、保和三大殿为主体，是封建帝王行使权力、举行隆重典礼的地方；内廷以乾清宫、交泰殿、坤宁宫为主体，是帝王办事和居住的地方，两侧东西六宫为嫔妃的住所。三大殿中的太和殿，就是皇上的金銮宝殿，殿的正中有一个2米高7层台阶的木台，台子正中是皇上的九龙宝座，这正附会了"紫微正中"的说法。紫禁城可谓名副其实，处处隐含天子之城的意思。乾清、坤宁二宫，象征天和地；两侧的日精、月华二门象征日和月；东西六宫象征十二星辰；东西六宫以外的数组建筑，则象征天上的群星。皇帝及后妃居处的"后三宫"及东西各六宫，更是严格合于紫微垣15星之数。

《红楼梦》中的大观园究竟在哪里?

HONGLOUMENGZHONGDEDAGUANYUANJIUJINGZAINALI

ZHONGGUOLISHIWENHUAWEIJIEZHIMI

《红楼梦》在中国文学史中的地位自不待言,许多人认为《红楼中》描写的贾宝玉便是作者本人,可其中的大观园究竟在何处呢?

▶ ·大观园是恭王府·

周汝昌经过多年研究,又写成《芳园筑向帝城西》,对恭王府进行了详尽考证。他结合《红楼梦》中大观园的描写,对恭王府的地理环境、景物遗存、建筑布局等诸多方面加以印证。最终虽无直接证据证明,但恭王府与大观园确有一种内在的联系。吴柳在1962年发表的《京华何处大观园》一文中,引用古建筑学家单士元的话,认为恭王府是大观园遗址,完全有可能。陈从周在《关于恭王府的通信》(1978年)中,从建筑学的角度肯定了恭王府的存在。但也有人不同意此种说法,顾平旦在《从"大观"到"萃锦"》一文中,阐述了萃锦园大部分建筑都是在同治以后才出现的,恭亲王奕䜣(xīn)是仿照"大观园"建造自己的府园的。这实际上也就否定了恭王府说。

▶ ·大观园是随园·

这是最早出现的关于大观园地址的看法。乾隆时满洲人明义在他的一首评析《红楼梦》诗的小序中云:"曹子雪芹所撰《红楼梦》一部,备记风月繁华之盛。盖其先人为江宁织造，其所谓大观园者，即今随园故址。"袁枚在《随园诗话》中也持相同观点："康熙间，曹练（楝）亭为江宁织造……其子雪芹撰《红楼梦》一部，备记风月繁华之盛。中有所谓大观园者，即余之随园也。"胡适在《红楼梦考证》中也认为大观园即随园，但未加以证实。

·大观园是江宁织造署西花园·

《红楼梦》第二回写贾雨村对冷子兴讲到南京的荣、宁二府及其花园："隔着围墙一望，里面厅殿楼阁，也还都峥嵘轩峻；就是后一带花园子里面树木山石，也还都有蓊蔚烟润之气。"脂砚斋在这一段上批道："后字何不直用'西'字？恐先生落泪，故不取用'西'字。"从中可以看出，脂砚斋是在暗示大观园即是江宁织造署的西花园。近年来，红学文物研究的重大发现，可能就是1984年8月在大行宫小学操场一角发掘出了完整的假山石基和原来的水池。这便是多数学者认为的"西花园的西池"，即当年西花园的西堂。

·谜一样的大观园·

曹聚仁在《小说新语》（1964）中指出："大观园是拿曹家的院落做底子，而曹家的府院，有北京的芷园，南京、扬州、苏州的织造府，都是大观园的蓝本。同时，曹雪芹生前曾到过的园林，都可以嵌入这一空中楼阁中去，所谓'大观园'也不妨说是'集大成'之意。不能看得太老实，却也并非虚无缥缈的。"香港宋淇在《论大观园》中认为："曹雪芹利用了他所知道的园林艺术加上想象，糅合成洋洋大观的园林。"而吴伯箫则认为：《红楼梦》一书是曹雪芹假北京景物追写烘托曹家当日在江宁（南京、金陵、石头城）的荣华富贵的盛况，故甄（真）府在南京，贾（假）府在北京。"

以上各种观点均有可能，可是什么时候才能有定论呢？

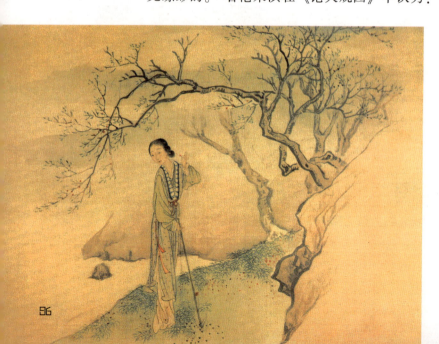

白莲教产生于何时?

BAILIANJIAOCHANSHENGYUHESHI

ZHONGGUOLISHIWENHUAWEIJIEZHIMI

白莲教,是活跃于元、明、清三朝的一个重要宗教团体,与元末农民起义结下了不解之缘,在清代还发生了大规模的白莲教起义。近年来,史学家对白莲教的源流,又展开了新的争论。

·白莲教的产生·

白莲教,又叫"白莲社",渊源于佛教净土宗。它最早产生于何时?学术界大致有两种说法:(1)始于东晋。东晋慧远于庐山东林寺,同慧永、慧持、刘遗民、雷次宗等123人,专修念佛法门,向往西方净土,因掘池植白莲,故称"白莲社"。这是一种传统的说法。

(2)始于中唐。据汤用彤考证,慧远立白莲社之说,晚至中唐以后才见于记载。隋朝智者大师在匡山致晋王书,谢灵运穿凿流池三所之语,尚未提到立社这件事。在中唐以后,遂有莲社之名。

至于白莲教的产生,学术界大致有3种说法:(1)始于南宋初年。创始人为吴郡昆山人茅子元,推慧远为始祖,主张皈依三宝,受持五戒,不茹荤(酒),念阿弥陀佛五声,即能去往西方净土。他在平江(今江苏苏州)淀山湖建白莲忏堂,自称"白莲人师"。(2)始于元朝末年。南宋初年,茅子元创始的是"白莲菜"(只吃菜不吃肉),还不是白莲教;而白莲教的真正创始人,是元朝末年的韩山童、刘福通。(3)始于明朝后期。元朝末年,韩山童、刘福通所创的是白莲会,还不是白莲教。到明天启年间,蓟州人王森所创立的,始谓之白莲教。

·混合宗教还是农民宗教?·

　　有人认为，白莲教是弥勒教与白莲教混合为一，结合而成弥勒白莲教。有人则认为，是混合了白莲教、明教与弥勒教的混合宗教。还有人认为，是混合了摩尼、白莲、白云三教。总之，人们认为白莲教是一种混合宗教，只是混合的内容各有不同而已。

　　也有学者认为，白莲教不是一种混合宗教，所谓三派的共同点，并不等于三派混合。不管明教与白莲教存在多少相似之点，只要明教不崇奉摩尼佛，它就不会同崇奉阿弥陀佛的白莲教混合。在元代，明教仍然是一个独立的宗教，而且还取得了合法地位。

　　关于白莲教的性质，还涉及白莲教是否是农民宗教的问题。有人认为：自从喇嘛教借元朝政权之力成为统治阶级的宗教之后，白莲教便成为被压迫的农民宗教，实际上已经发展成一种复兴祖国的意义下的革命团体了。有人则认为，从中找不到它是"农民的宗教"的任何依据。所以，决不能把它看成是被压迫者、被剥削者的宗教。

《永乐大典》之谜
YONGLEDADIANZHIMI

ZHONGGUOLISHIWENHUAWEIJIEZHIMI

明代永乐年间，明成祖朱棣命解缙〔jìn〕、姚广孝主持编辑《永乐大典》，参加编写、撰稿、圈点的文人多达三千多人，前后用了5年时间。《永乐大典》全书共22877卷，凡例、目录60卷，装订成11095册，37000字。它不仅是我国文化史上最早、最大的一部百科全书，而且是迄今为止世界上最大的古代百科全书。然而在嘉靖年间重录之后，其正本却不知去向，成了中国文化中一件重大的谜案。

·毁于明亡之际？·

国内出版了不少介绍《永乐大典》的通俗读本，如《祖国》等书这样写道："1557年，皇宫奉天门、三殿等处着火，《永乐大典》经抢救免于焚毁。后来，明世宗恐孤本再遭意外，便命徐阶等109人，用了5年时间，摹写了1部副本，从此正本和副本分别藏于文渊阁和皇史晟〔shèng〕。明末，文渊阁被焚，正本被付之一炬。"说得再具体一点，即指正本被李自成率领农民起义军焚毁了。起义军占领北京不久，在皇太极和吴三桂联军的攻击下，又被迫撤离北京。据史籍记载，起义军撤走时，曾放火焚烧宫楼。但是，各种史书都没有明确记录说《永乐大典》正本被焚毁一事。既然文渊阁狭小，就安置不下1万多册的《永乐大典》和其他宋人诸集。文渊阁被焚与《大典》正本随之不存在的结论是没有必然联系。

·毁于清朝乾清宫大火？·

据《鲒〔jié〕亭集外编》载，雍正年间，《永乐大典》副本由皇史晟移藏翰林院，学者全祖望在翰林院看到了副本，并发现有缺，于是说："乃知其正本尚在乾清宫中，顾莫能得见者……予尝欲奏之今上，发宫中正本以补足之，而未遂也。"到了清朝末年，缪荃孙不但承袭了正本藏在皇宫内的乾清宫之说，而且还进一步说道："嘉庆二年（1797 年），乾清宫一场大火，正本被烧毁了。"这在《艺风堂文续集》中有明确记载。至此，《永乐大典》正本被

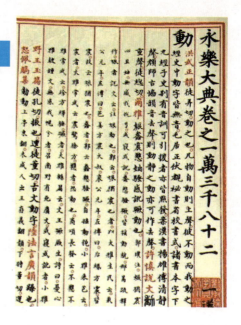

毁于乾清宫大火说便正式流传开来。不过，有的学者指出这种说法是没有根据的，不足信。因为乾隆九年至四十年间（1744 — 1775 年），清政府曾对宫中藏书做过一次清理，所有善本典籍全部集中在乾清宫旁边的昭仁殿，编成了《天禄琳琅书目》。《永乐大典》有一万多册，是书籍中的"庞然大物"，如果正本在乾清宫中，是很容易被发现的。然而现在《天禄琳琅书目》中未将《永乐大典》编入，这一点可以说明正本当时并没有藏在乾清宫中。又据《办理四库全书档案》记录，乾隆年间编辑《四库全书》时，因为要从《永乐大典》中辑录佚书，由于副本有缺，为此宫里宫外都寻找《永乐大典》正本，但没有结果。由此可见，由于史籍没有明载《永乐大典》正本的下落，后人在此问题上又多加推测、臆断，所以正本究竟哪儿去了，始终未明。能否有一天揭开谜底，只能待学者们探查了。

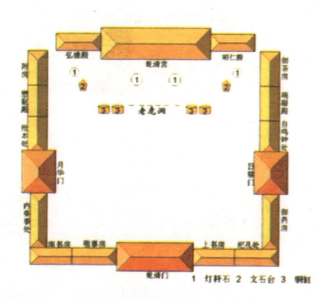

乾清宫院内陈设

1 灯杆石 2 文石台 3 铜缸

《霓裳羽衣曲》创作之谜
NISHANGYUYIQUCHUANGZUOZHIMI

唐代著名的歌舞大曲《霓裳羽衣曲》描写了唐玄宗向往神仙而又见到了仙女的神话故事，全曲共分36段。关于《霓裳羽衣曲》的作者，历史上早有定论，是唐朝玄宗皇帝。唐玄宗颇通音律，又好歌舞。然而，唐玄宗创作《霓裳羽衣曲》音乐的过程，却一直是个不解之谜。

·众说纷纭的创作过程·

一种观点认为，《霓裳羽衣曲》，本就名为《婆罗门曲》，为西凉节度使杨敬述所献。唐玄宗只是对此曲稍加润色并配以歌词而已，再改用今名《霓裳羽衣曲》。乐府诗《婆罗门》诗序云："商调曲，开元中西凉节度使杨敬述进，天宝十三载（745年）改为《霓裳羽衣》。"

另一种观点认为玄宗登三乡驿望女儿山回来后，只用了此曲的前半部分，乃至后来有幸吸收了杨敬述所献的《婆罗门曲》后才得以续成全曲。

据《碧鸡漫志》引唐人郑嵎《津阳门诗注》的记载，其"散序"是唐玄宗登三乡驿望女儿山回宫之后，依据他对女儿山的神奇想像写成的。此书作者认为《霓裳羽衣曲》另外的音乐则是外来音乐的改编曲调，而外来音乐乃是取自印度的佛曲，用它来表现中国道教的神仙故事，而不是所谓的《婆罗门曲》。

《霓裳羽衣曲》的创作过程，说法历来不一，信史、传说参半，究竟如何有待进一步研究。

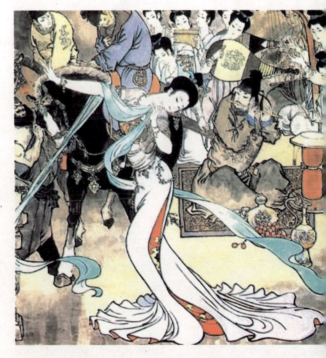

"东临碣石"之谜
DONGLINJIESHIZHIMI

众所周知，曹操的千古名篇《观沧海》的起首四句是："东临碣〔jié〕石，以观沧海。水何澹澹，山岛竦峙。"其中所提到的碣石，是古代一处有名的观海胜地。秦始皇出巡求仙时就曾登临碣石，修建行宫，并将一路之事刻在石头上。而后，汉武帝、北魏文成帝、北齐文宣帝和唐太宗等帝王都曾驾临碣石，还留下不少诗词歌赋。但到了宋代以后，碣石逐渐为人们所遗忘。可是，碣石到底在什么地方，至今是一桩谜案。

>>> · 碣石在哪里？·

一位农民学者从曹操的另一首《观沧海》诗中找到了对碣石的详细描写，据此他进行了实地考察，发现位于昌黎县西北 9 千米处的碣石山确实与曹操描写的一样。许多地理专著和方志都有昌黎北面有大碣石山的记载。山距渤海虽有二十多千米，但由于山势雄伟高耸，从海上看就像在海边一样。

可是在辽宁绥中县的万家镇，考古工作者发现了一处宫殿的遗址。它规模宏大，占地达 14 平方千米，还有两座高达数层的楼阙。其中出土的草云文纹瓦引起了人们的兴趣。据考证，正是秦汉时期的遗物。看来，这就是当年秦皇行宫的遗址了。但这一发现仍未能给碣石之争画上句号，因为尚无证据证明此处就是碣石，而且在北戴河海滨的金山嘴同样发现了一些秦汉古城、烽火台等遗址。从地形地貌来看，金山嘴与古书所记更为相符。究竟孰是孰非呢？

指南针的发明之谜
ZHINANZHENDEFAMINGZHIMI

我们的祖先至迟在公元前3世纪已普遍地认识到磁的指南性和吸铁性了。那么究竟磁的吸铁性和指南性最早发现于何时呢？它的"始祖"究竟是谁？产生于何时？最初样式如何？虽然有不少学者辛勤探究，但终因文献记载的缺乏和局限，而使它们成为数千年来具有争议的话题。由于磁体的吸铁性及指南性最早发现于何时还不能确定，因此指南针这样的磁指南器最早产生于何时，也就更难有定论了。

▶▶ ·"司南"说·

根据《韩非子·有度篇》："故先王立司南，以端朝夕"，有人认为战国时期就有了我国最早的磁指南器——司南，并依据《论衡·是应篇》"司南之杓〔sháo〕，投之于地，其柢〔dǐ〕指南"考证出：司南是用天然磁石琢成勺形。它的勺底呈球状，将其南极磨成勺子的长柄，然后放在地盘上，盘的四周刻着"八干"（甲、乙、丙、庚、丁、辛、壬、癸）、"十二支"（子、丑、寅、卯、辰、巳、午、未、申、酉、戌、亥）、"四维"（乾、坤、巽〔xùn〕、艮〔gèn〕）二十四方位。盘子中央有直径5—10厘米磨得很光滑的地方用来放勺。使用时，将勺轻拨，使之转动。等勺停下来时，它的长柄便指向南方。

可有些细心的学者根据上述史料提出诘问：不是说"先王立司南"吗？那么这"先王"到底是指何代的先王呢？这可谓是对"司南"说的挑战。天然磁石磁性不强，很难想象经琢磨震动后还能指南。同时，当时的人很难定出磁石的南北极。如不按南北极方向制勺，则勺纵有磁也不会指南。为什么要制成勺形，而不制得更简单些呢？这就是"指南鱼"说的主要观点。此外，他们认为，除《韩非子》、《论衡》二书有"司南"的资料外，六朝以前的其他文献均无司南的记载，甚至还把司南与指南车混淆。他们认为目前发现的关于磁性指南仪器的最早明确记载是北宋曾公亮著的《武经总要》中的"指南鱼"。这是一种用薄铁叶剪成的6厘米长的鱼形物，通过火、磁化等手段而赋予磁性，"用时置水碗于无风处，平放鱼在水面令浮，其首常南向午也"。无论是"司南"说，还是"指南鱼"说，都各自言之有理。究竟哪种说法更贴近事实？或者说还有没有第三种可能呢？这尚有待于学者们考古的新发现。

地动仪之谜
DIDONGYIZHIMI

1951 年，中国历史博物馆的王振铎先生根据史书的记载复原了张衡的候风地动仪，此物的工作原理是"倒立摆"。王振铎先生的这合复原模型成了中国古代科技文化的象征物。

>>> · "倒立摆" ·

　　所谓"倒立摆"就是尖脚棒槌，直立在那里，一有地震它就倒了。模型中使这个棒槌站立在大尊中央，周围对称地设有 8 套杠杆机构。棒槌倒向哪里，就砸开那边的机关。与这个机关对应的龙嘴里的球就会掉下来。但最近几年，一个名叫李超雄的先生对王振铎的复原模型提出了质疑。他认为史书记载中的地动仪"中有都柱"不能理解成"倒立摆"。整个地动仪是个高大的铜尊，高度超过 2 米，最大直径 1.8 米。这么大的铜尊本身重量就有两吨。这与那条轻盈无根的棒槌怎么也配不上，特别是倒立摆不可以有足够的灵敏度。张衡地动仪的制造和观测地震的成功，是世界地震史上的一件大事。但候风地动仪到底是如何运作呢？至今仍是待解之谜。

"会昌法难"之谜
HUICHANGFANANZHIMI

ZHONGGUOLISHIWENHUAWEIJIEZHIMI

在中国佛教史上，佛教曾遭受过三次劫难，即"三武之祸"。第一次为北魏太武帝灭佛；第二次为北周武帝；第三次也是规模最大的一次，是唐武宗会昌五年（公元845年）发生的灭佛事件。

·唐武宗为何灭佛·

唐武宗是唐朝第16代皇帝，本名瀍〔chán〕，晚年改为"炎"，死后葬在端陵。其在位的26年中，他的最重要的政治"业绩"之一就是打击佛教寺院。他下令，除长安、洛阳及诸道保留规定的少数佛寺外，其余的寺院一律拆毁。此举计毁大中型寺院4600所，小庙宇4万所。26万多僧尼被迫还俗，寺院所附奴婢15万人被解放，数千万顷（疑为"亩"）教田被没收，从此佛教势力受到惨重打击。

关于唐武宗灭佛的原因，说法有两种。其一是宗教斗争说。"武宗志学神仙，师道士赵归真。归真乘宠，每对，排毁释氏。言非中国之教，蠹〔dù〕耗生灵，尽宜除去。帝颇信之。"其二是经济矛盾决定说。唐代后期，由于佛教寺院土地不输课秘，僧侣免除赋役，佛教寺院经济过分扩张，减少了国库收入，与普通地主也存在着矛盾，因此，唐武宗决定灭佛，以解决财政困难。

·为了查杀李忱·

近年也有人提出，上述两说并未能真正解开灭佛之谜。首先，佛教在唐代一直有很大势力，与朝廷在经济上始终存在着十分尖锐的矛盾。在唐代，自太宗、武则天、睿宗，以至玄宗、肃宗、代宗、德宗、顺宗、宪宗，几乎每朝都有反佛的人士，有时意见十分激进，韩愈甚至提出了"人其人、庐其居、火其书"的主张，但灭佛的事并没有发生。如果说灭佛主要是出于经济原因，那么，武宗不惜巨资扶植道教，兴道观，办法场，求仙药，又应作何解释呢？他们认为，武宗灭佛的真正原因在唐武宗和后来成为宣宗的李忱之间的

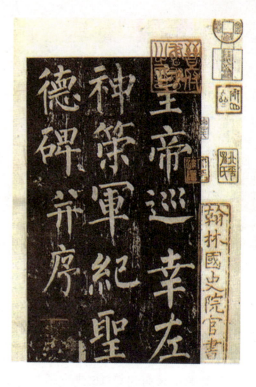

权力斗争。据史籍记载，文宗死后，"武宗虑有他谋，乃密令中常侍四人擒宣宗于永苍，幽之数日，沉于宫厕。在宦官仇公武的协助下，李忱逃出了宫门，隐身于佛门。正是为了查杀李忱，武宗做出了灭佛的决定。而李忱即位后，马上大兴佛教，其原因可能也在于佛门曾在他危难之际收留了他，并为此付出了惨重的代价。

这一新的说法有不少道理。但是，要获得史家的认可，似乎还要有更强有力的证据。

民俗文化之谜
MINSUWENHUAZHIMI

中国历史文化未解之谜

十二生肖起源于中国还是印度？

SHIERSHENGXIAOQIYUANYUZHONGGUOHAISHIYINDU

ZHONGGUOLISHIWENHUAWEIJIEZHIMI

十二生肖，俗称"十二属相"，是用来记人的出生年的十二种动物：鼠、牛、虎、兔、龙、蛇、马、羊、猴、鸡、狗、猪。它们和十二地支一一对应：子为鼠，丑为牛，寅为虎，卯为兔，辰为龙，巳为蛇，午为马，未为羊，申为猴，酉为鸡，戌为狗，亥为猪。依据农历的干支纪年法，确定人的属相，如子年生的人属鼠，丑年生的人属牛……在迷信盛行的古代，人们认为人生在某年，就肖（像）某种动物。如子年生的肖鼠，丑年生的肖牛，"生肖"一词由此而产生。

·十二生肖源于中国？·

一种观点认为，十二生肖是在华夏族的发展过程中逐渐形成的。古代有十二时辰的概念，加之动物崇拜和图腾崇拜的影响，人们习惯于把各种自然现象同动物形象，还有想象出来的神奇的东西联系起来。在天文学上，就有东方苍龙、南方朱雀、西方白虎、北方玄武的所谓"四象"，用来描绘天空的星宿。同样，人们又给抽象的十二地支搭配上很熟悉的动物。这样，动物崇拜、图腾崇拜与天文融汇到一起，就形成了子鼠、丑牛、寅虎、卯兔、辰龙、巳蛇、午马、未羊、申猴、酉鸡、戌狗、亥猪这十二生肖。

另一种观点认为，它是华夏族的干支纪年

与少数民族动物纪年相融合的产物。据说，早在尧舜时代，就开始使用"干支纪年法"，是以十天干（甲、乙、丙、丁……）同十二地支（子、丑、寅、卯……）循环相配成甲子、乙丑、丙寅、丁卯……六十组，通称"六十甲子"，用来表示年、月、日和时的次序，周而复始，循环使用。在相当长的历史时期里，中原地区没有以动物配地支的纪年法。而北部和西部少数民族，创造了一种以动物来纪年的方法。于是，少数民族的动物纪年方法与汉族的十二地支相结合，从而产生了十二生肖。

还有一种观点认为，阴阳学说认为单数属阳，而双数属阴，天下万物皆在阴阳之间。十二生肖恰好体现了阴阳协调的这一理念。

·十二生肖可能源于印度·

据说，印度有十二位驾驭动物的神将：招杜罗驾鼠，毗羯罗驾牛，宫毗罗驾狮，伐折罗驾兔，迷企罗驾龙，安底罗驾蛇，安弥罗驾马，珊底罗驾羊，因达罗驾猴，波夷罗驾金翅鸟，摩虎罗驾狗，真达罗驾猪。这十二种动物与中国的十二生肖相比较，大体相同，区别仅在于印度的狮子和中国的虎，印度的金翅鸟和中国的鸡。在印度语中，狮子和虎的发音相同。印度的狮子到了中国变成了虎，自然不足为怪；从鸡的身上还依稀能看到金翅鸟的形象。可见，中国的十二生肖来源于印度。

究竟哪一种说法更合理一些呢？

端午节到底由何而来？
DUANWUJIEDAODIYOUHEERLAI

　　端午节在每年农历五月初五，是中国古老的传统节日之一。在这一天，讲究吃粽子，喝雄黄酒，南方还要竞渡龙舟，这种习俗可谓由来已久了。但端午节究竟是怎么来的呢？人们为什么会有吃粽子、赛龙舟的习俗呢？

·龙舟竞渡救屈原·

　　一种说法是为了纪念屈原。屈原是中国最早的大诗人。起初，他辅佐楚怀王，官居左徒、三闾大夫，主张改革政治，联齐抗秦。后来，楚襄王听信谗言，他被流放到外地。楚国的政治日益腐败，都城郢〔Yǐng〕也被秦兵攻破。屈原既无力挽救国家的危亡，又深感自己的政治理想破灭了，于是他愤而投汨〔mì〕罗江自尽。南朝齐梁的吴均，在《续齐谐记》说，屈原在五月五日投汨罗江而死，楚国人哀悼他，每年这一天要以竹筒贮米投水祭祀。到了东汉，长沙有个人叫区回，遇到了一个自称"三闾大夫"的人。那人对他说："你的祭品让蛟龙抢去了。今年如果还有祭品，最好用练树叶塞上，再用五色丝捆上，蛟龙惧怕这类东西就不敢再抢了。"区回依言照办，这也成了汨罗的遗风。另据北周宗懔的《荆楚岁时记》，屈原在五月五日死于汨〔mì〕罗江，人们哀伤他的死，争先恐后地划船去救他，龙舟竞渡因此而流传下来。

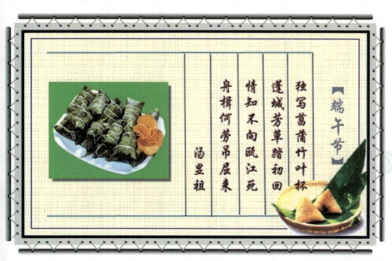

独写菖蒲竹叶杯
蓬城芳草踏初回
情知不向瓯江死
舟楫何劳吊屈来
汤显祖

〔端午节〕

·断发文身以似龙子·

　　另一种说法是龙的节日。闻一多在《端午考》、《端午的历史教育》中，提出吃粽子与竞渡均与龙有关系，进一步联系到《说苑》、《国策》中吴越百姓断发文身以似龙子的风俗，推断出端午节原是吴越人民举行图腾祭的节日。竞渡用的是龙舟；粽子投到水里去是祭龙；古人断发文身以似龙子是为了得到龙的保护，以免在海上渔猎之时遇害。

·汉代的风俗——夏至节·

还有一种说法是端午起源于恶日。张心勤在《端午节非因屈原考》一文中，依据一些古籍上有关"五月俗称恶月"，"不举五月子"的记载，对端午流行的民俗作了解释，认为五月五日为恶月恶日，家家户户挂艾蒲，不是为屈原招魂，而是为了除灾避邪。至于吃粽子和龙舟竞渡，也不是为了纪念屈原。因为粽子是民间的普通食品，并不只在五月五日吃，夏至和春节人们也吃。而龙舟竞渡，则早在屈原以前就有了。

此外，还有人认为，端午来自夏、商、周时代的夏至节。刘德谦在《"端午"始源又一说》一文中，说《荆楚岁时记》所记食粽风俗，不是五月五日而是夏至节。据杜台卿《玉烛宝典》说，竞渡也是夏至节的娱乐活动。司马彪《后汉书·礼仪》也说，汉代五月初五的风俗，来自夏商周三代的夏至节。

然而，哪种说法更有说服力呢？

中秋节与月饼的来历之谜

ZHONGQIUJIEYUYUEBINGDELAILIZHIMI

ZHONGGUOLISHIWENHUAWEIJIEZHIMI

农历八月十五中秋之夜，青天碧海，皓月当空，银光万里；人们赏明月，吃月饼，家家团聚度佳节。这一风俗习惯，在我国由来已久。那么，中秋节来历究竟如何呢？众说纷纭。

▶▶▶ ·"唐明皇游月宫"说·

唐代《开元遗事》上记载，中秋夕，唐明皇与杨贵妃临太液池望月。官民效仿，形成了中秋赏月的习俗。

▶▶▶ ·"嫦娥奔月"说·

战国末年成书的《归藏》中记载："昔嫦娥以西王母不死之药服之，遂奔月为月精。"汉朝刘安《淮南子·览冥训》中则说："羿请不死之药于西王母，娥窃以奔月，怅然有丧，

无以续之。"后来张衡在《灵宪》一书中又把嫦娥说成了后羿之妻，偷吃了丈夫的不死药后，轻身飞月，变成蟾蜍〔chánchú〕（癞蛤蟆，笔下似有贬义）。六朝后，人们对嫦娥奔月寄以同情，说她登上了天帝的后庭，十分寂寞。所以在唐代已开始将八月十五日夜的赏月改称祭月，盼思嫦娥回归人间。宋代，中秋被定为节日，祭月更为盛行。

· "时令节气"说 ·

近人考证，"中秋"一词，始见于春秋末年《周礼》：中春昼，鼓击士鼓吹幽雅以迎暑；中秋夜，迎寒亦如云。同时，《礼记》也记载，天子春朝日，秋夕月。这"夕月"即是拜月，可见早在春秋时代，帝王已有拜月、祭月之俗。到了魏晋，开始普及民间赏月。

· 月饼起源之谜 ·

中秋月饼的起源，历史上也有不同说法。早在北宋苏东坡的笔下，就有"小饼如嚼月，中有酥和饴〔yí〕"。他还在登无锡惠山一诗中说："独携天上小圆月，来试人间第二泉。"南宋吴自牧《梦梁录》中，也有关于"月饼"的记载，但是仍不普遍。到了明代，月饼才成了中秋赏月的佳品。到了清代，月饼更为盛行。《燕京岁时记·月饼》记道："中秋月饼……到处皆有，大者尺余，上绘月宫蟾兔之形。有祭毕而食者，有留至除夕而食者，谓之团圆饼。"这些记载都说明月饼因祭月需要而产生，又取月圆之意为团圆饼。

但是在我国民间还流传着另一说法。元朝末年，官府腐败黑暗，民不聊生，妻离子散，老百姓实在无法生活。一年中秋节前，泰州人张士诚，暗中串联，把写有"杀鞑子、灭元朝；八月十五，家家齐动手"等纸条，藏在小圆饼内互相传送。到了中秋晚上，家家吃圆饼，举行民族大起义，推翻了元朝统治者。此后人们每年中秋节吃月饼，既纪念张士诚的功勋，又表达家家团圆的良好愿望。以上说法是后世者附会还是果有其事，难以定论。

"元宵灯节"起源之谜
YUANXIAODENGJIEQIYUANZHIMI

农历正月十五夜，是我国民间传统的节日——"元宵节"，又俗称"灯节"。旧习元宵之夜，城里乡间，到处张灯结彩，观花灯，猜灯谜，盛况空前。届时，不论皇亲国戚、平民百姓、深闺淑女，均可破常规，顺习俗，制灯玩赏，出游嬉闹。唐、宋、明、清时，元宵灯节成了年节中重要的民众娱乐活动。墨客骚人，常常吟诗作画，为节日增添雅兴。

▶▶ ·放灯、观灯的起源·

今天，元宵放灯、观灯，仍是中国广大地区人民喜闻乐见的民俗娱乐活动。人们喜欢元宵灯节，可它究竟是什么时候起源的呢？一种意见认为元宵灯节形成于唐代。另一种意见认为元宵灯节是汉代流传下来的。还有一种意见认为元宵节源于释道的宗教活动。

▶▶ ·民间传说·

元宵灯节的起源，民间传说更是众说纷纭。具有代表性的，一是说，隋炀帝色迷心窍，欲娶自己的妹妹。妹妹硬扭不过，假托除非正月十五出现繁星满地的奇迹，才可成婚。隋炀帝下令京城四周百姓到十五日晚每户燃灯火，违令者斩。至十五日晚，妹妹登楼见满地都是灯火，误以为真是繁星落地，纵身投河自尽。为了纪念这位不甘凌辱的女子，民间百姓每逢正月十五都燃起了灯火。二是传说，灯节源于汉武帝。因为当时宫女元宵正月过后思念家中父母，宫深禁严，无法外出，足智多谋的东方朔得知后很同情，便设计成全她们。他先散布谣言，说火神君将派人火烧定安城，使城里宫内一片恐慌，后又向武帝献计：十五日晚上宫廷内人员一律外出避灾，满城大街小巷，庭院屋门，都挂上红灯，好像满城大火，以骗过天上观望监视的火神。武帝允诺，宫女们离宫后遂趁机与家人相会。从此，每逢正月十五都要放灯。三是说，元宵灯会源于民间的

"放哨火"等农事习惯。每年正月十五左右，春耕即将来临，各地农民忙于备耕等工作。一些地区的农民就在这天晚上到地里把枯枝杂草拢在一起，放火烧掉，以除虫害。究竟元宵灯节是如何形成的，还需史家进一步研究。

女子缠足的恶习始于何时?

NÜZICHANZUDEEXISHIYUHESHI

ZHONGGUOLISHIWENHUAWEIJIEZHIMI

　　缠足,是中国古代摧残妇女的一种恶习,给无数妇女造成了身心的痛苦。在近代的民主革命中,禁止缠足、放脚,成了妇女解放的一项重要内容。可女子缠足究竟始于何时呢?时至今日,尚未有统一的定论。

·女子缠足始于五代说·

　　张邦基《墨庄漫录》说,南唐主李煜有一宫女名娘,"轻盈善舞,以帛缠足,使之纤小如新月一般"。打那以后,为人所效仿,开了缠足之先河。到了宋代,妇女缠足的风气已很盛行。《宋史·五行志》说,宋理宗时,宫女们因缠足,一双脚变得纤直,被称为"快上马"。陆游《老学庵笔记》说:宣和末年,女子缠足,穿的一种尖底鞋,称为"错到底"。苏东坡的《菩萨蛮》,夸张女子脚之纤小,"纤妙说应难,须从掌上看"。

·缠足之始不晚于唐代说·

　　元代伊世珍《嫌记》说,马嵬坡事变后,一位叫王飞的老妇人,拾得杨贵妃的雀头履一双,长约3寸,上面嵌有珍珠。这老妇人把它奉为异宝,从不肯轻易给人看。既然履仅3寸长,可见杨贵妃是小脚,

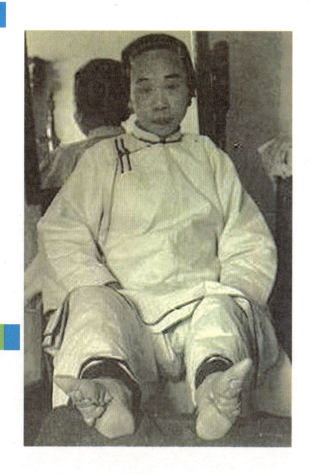

不也说明缠足至少在那时就有了。《诗话总龟》说，唐玄宗回返宫中，为怀念杨贵妃，作《罗袜铭》，内有"窄窄弓弓，手中弄初月"之句。在唐代文人的笔下，也有对女人小脚的描写，反映了当时女子缠足已成一种风气。清代有人到西藏，发现当地的灯具状如弓鞋，称为"唐公主履"。唐公主，自然是说文成公主。有人认为，这是唐代女子缠足的实物例证。

不过，这些说法，并未确切指出究竟始于何时，源在哪里。可以肯定的是，在唐代以前，人们对女子脚之大小已有讲究，是看做美不美的一个标志。在《孔雀东南飞》中，就有"纤纤作细步，精妙世无双"之句。有人指出，马嵬坡的老妇人，拾得的是杨贵妃的袜子，并不能说明当时的女子是否缠足。

女子缠足作为一种习俗，必然要经历一个过程。究竟何是"源"，何是"流"？要区分清楚，还不是一件容易的事。

古代妇女为什么要穿耳
GUDAIFUNÜWEISHENMEYAOCHUANER

古时候，女孩子长到 10 岁左右，母亲就会请人择黄道吉日替她穿耳。据说一般的方法是，先用手指和米粒，把女孩的耳垂按摩柔软，然后用针在耳垂四部穿通，塞进一根钱，敷上土药，手术就完成了。慢慢地，这个地方长成一个小孔，可以戴上耳环、明珠等各种耳饰。为什么古代妇女都穿耳呢？各种说法相持不下。

▶▶ ·穿耳之谜·

为什么穿耳？由于玉、耳环等都是要在耳垂穿孔后才能戴上去的，所以一种说法认为，上古时为了防范买来的女子逃跑，就在她的耳朵上穿了孔，戴上一个环或是什么东西做记号。谁知耳朵上戴了东西，走起路来很有一番

风味，于是贵妇们争相效仿，渐渐形成了穿耳戴珠的风俗习惯。第二种说法认为，古代妇女在耳垂上附起一颗珠，最早本是"蛮夷"女子的妆饰。古书说"蛮夷"妇女轻淫，喜欢走动，所以在耳垂上挂起一串东西，走起路来，叮嘟作响，十分美观中听。中原的贵妇人在她们的影响下，也渐渐如此打扮起来。后来民间妇女亦随之打扮起来，便形成一

种风气。第三种是一种古老的说法，认为中国
上古社会的宗法制十分盛行，在士大夫家里，
当官的丈夫为了让妻子郑重，不偏听偏信，就
在她耳边穿耳戴上明珠一类首饰，让她时时提
醒自己，做一个合格的内当家。第四种是民俗
学家的看法。他们认为，穿耳戴明珠，是原始
社会的一种遗习。原始社会的人，其审美观点
带有很大的功利性。谁能打到野兽，他就必定
把野兽的牙齿或角插在自己的鼻孔里或耳朵上，
以示自己的威武勇猛。后来，一夫一妻制出现
后，做丈夫的便把自己的"战利品"转让给妻
子。当玉石、金属的装饰品出现后，这些小巧、
优美的东西便取代了原先粗糙而低劣的"战利
品"，成为妇女们不可或缺的装饰品，并且由于
它们的优美中看而一直流传到现在。究竟是否
如此，还有待学者们进一步探究。

中国的火葬制度起源于何时?
ZHONGGUODEHUOZANGZHIDUQIYUANYUHESHI

ZHONGGUOLISHIWENHUAWEIJIEZHIMI

火葬是目前盛行的殡葬制度,为政府所大力提倡。然而,中国的火葬究竟起源于何时?它是否是由国外传来的?

》》·随佛教传入说·

这是一种传统说法,认为火葬起源和盛行于古印度,后随佛教而传入中国。唐代玄奘在《大唐西域记》中,说他在印度取经时见到的印度葬礼,包括火葬、水葬和野葬。佛教自东汉传入中国,打这以后,中国也就逐渐出现火葬了。

有人进一步认为,佛家是注重火葬的,《高僧传》中详载了很多中外僧徒焚化火葬,有的未死自焚,有的已死再令人焚化火葬。自佛教传入后,人们对于火葬的反对情绪逐渐减弱,特别是佛教徒,在思想观念上已不再把火葬视为"大谬"了。这样,伴随佛教的传

播，使火葬逐渐流行起来了。

这一说法，还从文献记载和考古发掘中得到证实，火葬墓多集中在云南、四川、新疆、甘肃、宁夏等地，这是因为它们和印度接近，受佛教影响最深的缘故。

·发端于春秋战国说·

有的学者则认为，火葬不是"舶来品"。早在佛教传入以前，中国已有火葬的风俗。在《荀子·大略篇》中，记有氐〔Dī〕羌〔Qiāng〕的火葬习俗："氐羌之虏也，不忧其系垒也，而忧其不焚也。"《吕氏春秋·义赏篇》也有类似的记载。所谓"死不焚"，就是死后不能火葬。众所周知，墨子也是提倡火葬的。《墨子·节葬篇》说："秦之西有仪渠之国者，其亲戚死，聚柴薪而焚之，熏上谓之登遐。"此外，《列子·汤问》的记载，大致与《墨子》相当。"仪渠之国"，是羌族地区，可证明古时候的西北流行火葬之制。

·原始民族习俗说·

据考古发现，原始社会的村落遗址中存有火葬遗迹。有人据此论定，早在史前期的原始时代，先民就有火葬的习俗。如1945年，发掘甘肃临洮寺洼山史前期遗址之时，在原始村落的墓地中发现的灰色大陶罐中，盛有人火化后的骨灰。可见，早在原始社会，中国就已经有了火葬。当然，还有学者提出，这是史前时期原始民族处置尸体的一种方法，和后来进入文明时代的火葬制是不尽相同的。

古代文人为什么爱竹?
GUDAIWENRENWEISHENMEAIZHU

竹,素来深受文人雅士的青睐。有人说,爱竹,几乎成了古代文人的一种传统文化心理表现。问题是,文人为什么偏爱竹呢?比较通达的说法是,竹是"清高"的象征,而文人从来就自命清高。是否如此呢?

·神秘力量的"灵草"·

史学家陈寅恪认为,魏晋南北朝的文人爱竹,"疑不仅高人逸志,或亦与宗教信仰有关"。这里所说的宗教,是指"天师道",是一种中国土生土长的宗教——道教。魏晋南北朝是道教的开创时期,当时不少文人信奉天师道。天师道对竹很是崇拜,认为它是一种具有神秘力量的"灵草"。就天师道信仰者来说,竹的神秘力量,在于它能送子和延寿。据说,司马昱〔yù〕为会稽王时,求子心切,有道士对他说:"公试可种竹于内北宇之外,使美者游其下焉。尔乃天感机神,大致继嗣,孕既保全,诞亦寿考。微著之兴,常守利贞。此玄人之秘规,行之者甚验。"这里所说的,实际是原始宗教巫术的一种"交感"迷信。

把竹视为"灵物"的记载，在魏晋南北朝是很多的。常璩〔qú〕的《华阳国志》记载："有竹王者，兴于遁水，有一女浣于水滨，有三节大竹流入女足间，推之不肯去，闻有儿声，取持归，破之得一男儿，有才武，遂雄夷狄，氏竹为姓，所破竹于野成林，今王祠竹林是也。"这是一则关于西南地区少数民族的传说，说明在少数民族中也有这种崇拜竹的现象。

·发源于商周时代·

把历史再往前推移，人们对竹的神秘力量的崇拜，大概从商周时代就已经滥觞〔shāng〕了。《诗经·小雅·斯干》中有这样的诗句："如竹苞矣，如松茂矣。"《斯干》，相传是周宣王建造宫室时所唱的诗。这里，诗人就把松竹茂盛比作家族兴旺。把历史顺势后移，同样又会发现这种意识的残迹。清人画竹，画一株报名以"祝寿图"，画几枝竹笋题款称"子孙荣倮〔luǒ〕"、"龙孙孝善"。这种情形，大致可看作是《斯干》的传统，而非与所谓"清高"的象征有多少干系。

总之，古代文人爱竹的最初背景，不见得就是竹的"清高"。但究竟是什么原因，人们相关的意识演变轨迹，因年深历久而变得模糊难辨了。

谁发明了纸折扇？
SHUIFAMINGLEZHIZHESHAN

　　纸折扇原本很普通，在今日也很流行。要么夏日里人们摇扇引凤，要么平日里人们手中把玩，而在舞台上它又成了演员的道具。可纸折扇起源于何时？它的发明者到底是谁呢？

·纸折扇是"舶来品"？·

　　一般以为，纸折扇是"舶来品"。明代陈霆《两山墨谈》说："宋元以前，中国还没有折扇。元初，见到东南岛国的使者使用，时人还投以讥笑。永乐年间，一些下人用它来侍候主人。后来，日本人用它来当贡品，朝廷以遍赐群臣，内府又有仿制，于是天下普遍使用开来。"陆容《菽园杂记》说，折叠扇，一名撒扇，传闻宋代就已经出现了。宋代苏东坡说："高丽白松扇，展之广尺余，合之止两指许。"苏东坡的说法，提供了3个重要信息：

(1) 描绘了纸折扇的形状。
(2) 说明了原产地是朝鲜。　(3) 至少在宋代传入中国。江少虞《宋朝事实类苑》引王辟之《渑水燕谈录》，证实了宋代已有纸折扇的事实，所不同的是，王辟之所记说纸折扇原是日本货。

>>> **·纸折扇是中国货?·**

　　清代钱咏《履园丛话》说："或谓古人皆用团扇,今之折扇是日本、朝鲜之制,有明中叶始行于中国也。案《通鉴》:'褚渊入朝,以腰扇障日',胡三省注云:'腰扇,佩之于腰,今谓之折叠扇。'则隋唐时先有之矣。"褚渊,字彦回,本是南朝宋文帝之婿,为宋明帝所信任,后参与萧道成代宋的活动。有人认为,《履园丛话》上的这个记载,除了告知人们"腰扇"即宋之"折叠扇"外,还说明了早在南北朝中国就有了折扇,从而证明了折扇不是"舶来品",而是地地道道的国货,把中国折扇出现的时间提前了好几百年,反映了中国古代手工艺技人的聪明和才智。

　　折扇始见于南北朝,原产于中国,不是"舶来品",这个问题似乎解决了,但人们不免仍有疑问,这是因为胡三省的注毕竟只是一个"孤证"。加之唐代离南北朝不远,欧阳询的《艺文类聚》,徐坚的《初学记》,是唐代的两部大型类书,书中各有一条"扇",搜罗材料素称广全,对扇的源流道之颇详,可单单没有提到"腰扇"(折扇),这究竟是什么缘故呢?有人还提出疑问,要是说折扇原本是中国发明的,那么,它又是何时传到日本和朝鲜的呢?

 酒之谜
JIUZHIMI

不论是喜庆筵席，还是亲朋往来，甚至在日常家宴中，酒已成为人们的必备之物。然而，酒在中国是什么时间产生的，它是怎样产生的，至今仍未弄清。

>>> **·酒的起源·**

最普遍的一种说法认为，酒是夏禹时一个叫做仪狄的人制造的。这种观点最早似乎成于公元前 2 世纪的《吕氏春秋》。人们甚至根据夏禹时酿酒的出现而推断出夏代已经形成了阶级社会。但是这种观点却受到了一些学者的批评。因为在讨论古代社会的许多文章中，似乎都没有以酒作为阶级社会形成的标志。尤其是大量的民族学资料表明，现在还有一些落后的部族，阶级尚未明显分化，而酿酒和饮酒的习惯却很普遍。据此，袁翰青在《中国化学史论文集》中表明，酿酒的起源在人类历史上应当是很早很早的。在旧石器时代就可能发现野果自行发酵；到了新石器时代，农业开始后不久就可能有谷物造的酒

了。在中国，麦曲酿酒乃是超越了其他民族的一项很早的重大发明。这项发明的时代，应当早于传说中的夏朝。然而这一说法到目前还没有获得更多的证据，因此，有关酿酒的起源仍是一个值得探究的谜。

对联是何时何人发明的？
DUILIANSHIHESHIHERENFAMINGDE

对联，又称楹〔yíng〕联、楹帖，俗称"对子"，字数多少无定规，要求对偶工整、平仄〔zè〕协调，是诗词形式的一种演变。最常见的对联，自然要算是春联了。

·第一副春联·

清人陈云澹《簪云楼杂话》说："春联之设，自明太祖始。帝都金陵，除夕传旨，公卿士庶家门上须加春联一副。"《列朝诗集》、《金陵琐事》和《解人颐》，大致也有类似记载。按这个说法，春联始于明朝初年，至今不过 600 年左右。

可人们记得王安石那首著名的《元日》诗："爆竹声中一岁除，春风送暖入屠苏。千门万户曈曈〔tóngtóng〕日，总把新桃换旧符。"这表明，早在北宋，人们就把春联作为更新除旧、美化环境、渲染气氛、点缀生活的一种艺术形式了。

宋人张唐英《蜀杌〔wù〕》说："蜀未归宋之前，昶〔chǎng〕令学士辛寅逊题桃符版于寝门，以其词非工，自命笔云：'新年纳余庆，佳节号长春。'"很多人认为，后蜀主孟昶所题写的这副楹联是历史上第一副春联。

不过，有人不赞成这个说法。据说，有一年春节前夕，东晋书法家王羲之先后写过几副对联贴在门上，因字体雅丽、内容新颖而被人悄悄揭走。除夕将至，门上仍空无一字。王羲之又精心

构思一副对联，联云："福无双至，祸不单行。"这副不吉利的对联，自然没有人去揭。初一黎明，王羲之又在上下联分别加了 3 个字，这就成了"福无双至今朝至，祸不单行昨夜行"的妙联。由此看来，春联早在 1600 多年前就出现了。

春联只是对联的一种，可以肯定的是，对联早在唐代已风靡全国。《资治通鉴》上说，李林甫这个人，惯于玩弄权术，排斥异己，实际上无德无才。天宝元年（公元 742 年），有人送给他一副对联，上联是"口蜜"，下联是"腹剑"。可见，对联早已成了反映人们政治倾向的一种文学形式。

·对联的演变·

有人认为，要弄清对联的起源，须辨明对联之所由生。在古代，有一种带有迷信色彩的风俗习惯，这就是挂"桃符"。据说，桃木有避邪驱鬼的本领，古人在辞旧迎新之际，用桃木板分别写上"神荼"、"郁垒"二神的名字，要么用纸画上二神的图像，悬挂、嵌缀、张贴于门首，这样就可以祈福灭祸了。从东汉应劭〔shào〕的《风俗通义》的记载来看，桃符最初书写二神的名字、描绘二神的图像，后来演变为书写吉祥语，进而发展成对偶的诗句，这大概就演变成后来人们所熟悉的对联了。

毛笔之谜
MAOBIZHIMI

笔墨纸砚合称"文房四宝"，是我国具有民族特色的书写工具。千百年来，流传着毛笔是秦朝时蒙恬发明的，且有史籍记载，但是从现有的资料来看并非如此。

·战国时便有毛笔了·

1954年6月，长沙左家公山发掘了一座完整的战国木椁墓，随葬品保存良好，其中在一个竹管内发现一支毛笔。据记载，毛笔"全身套在一支小竹管里，杆长18.5厘米，径0.4厘米，毛长2.5厘米。这支毛笔的发现，是中国毛笔发明史上的一个最重要的证据，在研究中国文化史上是具有重大价值的。"这是迄今发现的时代较早、最完整的一支毛笔。它比蒙恬发明的毛笔时间要早。但究竟是什么人发明毛笔的，又为什么古籍中会把毛笔的发明权加在蒙恬的头上，至今仍是一个难解之谜。

楷书产生之谜
KAISHUCHANSHENGZHIMI

楷书，又称真书、正书，因字体端正规范，堪称楷模，故得此名。提起楷，人们很自然地会想到唐代欧阳询书写的《九成宫醴〔lǐ〕泉铭》、柳公权的《玄秘塔》和颜真卿的《颜勤礼碑》，认为这些就是中国最古老的楷书。其实并非如此。那么，楷书最初产生于何时呢？

·秦汉之说·

一些学者认为，楷书的产生可以上推至汉初，甚至有人提出上至秦始皇时代。例如宋代著名的书法理论著作《宣和书谱》在《正书叙论》篇中说："字法之变至隶，极矣，然犹有古焉，至楷法则无古矣。汉初建初（汉章帝年号，公元76—83年）年间，有王次钟者，始以隶字作楷法。所谓楷法者，今之正书是也。人既便之，世遂行焉。而或者乃谓秦羽人（羽人，一说为职官名，掌征集羽翮〔hé〕作旌旗车饰之用；又一说是道士的别称）。王次仲作此书献始皇以赴急疾之用。"

·东汉、三国之说·

也有不少学者认为楷书始于东汉，还有的说是三国时代的魏时。清人刘熙载在《艺概·书概》中说："正、行二体始见于钟书。"钟，指三国

时魏人钟繇〔yóu〕。而今人钟明善在《中国书法简史》中提出自己的见解，说："从汉字书法发展上来看，魏晋是完成书体演变的承上启下的重要历史阶段。"书法从小篆转向隶书。这是第一次重大的决定性变革，从此汉字由圆变方，至今都沿袭了这种方块的基本形态。"隶书产生、发展、成熟的过程就孕育着真书。真书、行书、草书这三种汉字书法的重要书体的定型是在魏晋200年间。魏甘露元年《譬喻经》墨迹、西晋元康六年写的《诸佛要集经》墨迹等，左弯的笔画为楷书的撇代替，斜钩代替了（隶书的）磔〔zhé〕。此时真行草三体具备。"当时"造就了两个承前启后，巍然卓

立的大书法革新家——钟繇、王羲之。他们揭开了中国书法发展史的崭新一页，树立了真书、行书、草书美的典范。钟繇在这种新书体（楷体）的完善、推广上起了很大的作用"。按照这种说法，楷书经钟繇的完善并推广得到了大发展，其出现当然还得在此以前了。那么，楷书之源头究竟在何处呢？

中华图腾——"龙"之谜
ZHONGHUATUTENGLONGZHIMI

人们将中华文化称为"龙的文化"，将中华儿女称为"龙的传人"。

在中国文化中，龙有着重要地位和影响，从距今七千多年的新石器时代起，龙的标识就渗透在中国社会的各个方面，成为一种文化的凝聚和积淀。

在辽阔的神州大地上，处处都体现着"龙的文化"，彰显着对龙的崇拜。龙成了吉祥的象征，更成为中华民族权威和神灵的象征。

·龙文化·

以龙为名的山川村镇不计其数：龙岗、龙城、龙泉……以龙命名的中式建筑不胜枚举：龙门、龙壁、龙亭……以龙为名的民俗比比皆是：龙舟、龙灯、龙笛……以龙为名的商家、以龙为名的人就更是数不胜数。古代皇帝自称"真龙天子"，金碧辉煌的宫殿里描绘着龙，雕刻着龙，简直就是"龙的世界"。现实生活中以龙为图案的服饰、器物、玩具随处可见，甚至言谈话语之间也离不开龙："龙凤呈祥"、"龙马精神"、"藏龙卧虎"……神话中的龙更是千变万化，能大能小，呼风唤雨，上天入海……人们喜爱它、赞颂它、崇拜它。

·龙的形状·

千百年来人们在头脑中不断地勾画着它的形象。它集九种动物的特征于一身：头似驼、角似鹿、眼似兔、耳似牛、项似蛇、腹似蜃、鳞似鲤、爪似鹰、掌似虎。这些特征更给龙的本来面目蒙上了一层神秘的色彩。

·炎黄子孙的图腾·

专家和学者们经过多年的研究和考证，初步揭开了中华民族龙的崇拜之谜：龙是古代炎黄子孙的"图腾"。

考古工作者在出土的文物中，找到了龙作为我国古代先民图腾的佐证：

西安半坡仰韶文化遗址中，有陶壶龙纹。

江苏吴县良渚文化出土的器物上，有似蛇非蛇的勾连花纹。

内蒙古红山文化遗址中出土了墨绿色的工艺品玉龙。

……

大量实例证明，对龙的崇拜在我国至少有 5000 年以上的历史。

·真有龙吗？·

龙到底是真实的存在，还是虚无的幻象呢？

如果是幻象，那么，它又是根据何种动物想象出来的呢？

有的专家学者持这样一种看法，龙是由鱼或蛇演化而来的。

最原始的龙的形象是西安半坡仰韶文化遗址中出土的陶壶龙纹。它的形象与后世的龙雏形相似，为蛇身鱼形，是仰韶文化居民的图腾崇拜。在山西襄汾夏墟址也曾发现与半坡遗址相似的龙纹。据此，有的学者指出，后蕊的龙的形象，基本由半坡鱼纹演变而来。从半坡到夏墟的原始龙纹的演变来推测，最早的龙应该是生活在水中的一种蛇状的长鱼。夏人和仰韶文化古人为什么把它作为图腾标志呢？有人推测是因为当时的人们常常面临洪涝灾害，所以期望人类能像龙鱼那样自由自在地生活，于是就把龙鱼当成民族的保护神来崇拜。

·龙就是蛟鳄·

近来更有学者认为，"龙"在古代确实存在，只不过它不叫龙，也不像人们想象的那样神奇。它就是一种巨型鳄——蛟鳄。这种鳄的外形，如头、眼、项、腹、鳞、爪、掌等都与"龙"相似。蛟鳄的寿命很长，可以达到数万年以上。有些鳄类动物具有一些奇异的功能，例如可以敏锐地感受到大自然气压的变化而预知晴雨。每到下雨之前，便常常怒吼不止，其声如雷。古代先民无法解释这种现象，视其为神兽，拜它为雷神、雨神或者鼓神。还存在一种可能，远古人类过着狩猎和游牧生活，和不同的野兽打交道，从没见过蛟鳄这种如此神秘、如此具有威胁性的动物，因而害怕它，崇拜它，把它看做是地神、水神和战神，再由此逐渐演化为"龙"，使其更具神秘感。

据说，以蛟鳄为图腾的，还有古代巴比伦、印度和玛雅文化的先民。

>>> ·龙之九子·

而中国龙的形象更是千姿百态，中国自古传说"一龙生九子，九子各不同"。传说中龙的九子有：

睚眦（yázì）：传说中它性情凶残，爱争斗厮杀，所以它被装饰在刀剑的柄上。

狻猊：（suānní）：样子像狮子，喜欢烟火，它一般被装饰在香炉上。

螭（chī）吻：喜欢登高望远，能喷浪降雨，因而它通常被装饰在建筑物的屋脊上，用以防火。

赑屃（bìxì）：样子像龟，善于背负重物，还喜欢文字，爱扬名，因此，让它驮石碑。

蚣蝮：平时最喜水，所以它大都被装饰在桥头柱、桥洞和桥烂等处。

狴犴（bì'àn）：样子像老虎，是威力的象征，因此将它装饰在监狱的大门上，用来威吓罪犯。

椒图：样子像螺蚌，善于封闭和保护自己，因此人们把它装饰在大门上，用来守门。

饕餮（tāotiè）：生性贪吃，所以人们把它装饰在盛装食物的器皿上。

蒲牢：喜爱吼叫与音乐，因而它常被用来装饰大钟，做钟顶的钟扭。

因为龙的性格和爱好各不相同，所以它们常以各种不同姿态出现在具有古代风格的建筑和器物之上。

绘画始祖之谜
HUIHUASHIZUZHIMI

中国画，在世界美术史上独树一帜。中国绘画的起源可追溯到原始社会，从陶器上的各种花纹、图案上可以看出绘画的痕迹，但这些花纹、图案又远非现代意义上的绘画。那么，中国画起源于何时？谁是中国画的始祖？我国古籍对此众说纷纭，其中传说甚多的有黄帝说、史皇说、仓颉说、史皇仓颉说等，当然神话色彩颇浓。这些人物生活在黄帝时代，由此可见中国绘画可能起源于黄帝时代。但是，究竟谁是中国画的始祖呢？

·首为绘画始祖说·

首是传说中英雄人物舜的妹妹。《说文解字》曰："舜女弟名首。"她曾"脱舜于瞍〔sǒu〕象之害"，探知恶徒们欲置舜于死地后，立即报告了两个嫂嫂，救了舜一命。《列女传》盛赞她善画，"造化在心，别具神技"。首又名嫘〔Léi〕或画嫘。她之所以又叫画嫘，就是由于绘画创始于嫘的缘故。《画史会要》中记载："画嫘，舜妹也。画始于嫘，故曰：'画嫘'。"美术史家郑昶〔chǎng〕先生认为，黄帝、史皇等所画之物，反映的仅仅是当时人的宇宙观念、生活状况，"其制作之动机，系人生的而非艺术的。故时人无有以画为专艺者"。所以他们都称不上中国绘画的始祖。在首以前，虽有图画，但"究属为极幼稚之线描"，无非是似文字又非文字

的雏形画，根本无美术性可言。及至首，方使绘画自成为中国美术之一体。因为虞舜时代，我国的一切文化雏形业已确定，有可能创作了带有美术性质的绘画，所以首"足当画祖之称"。郑昶先生进一步认为，自此以后，中国绘画才脱离了象形文字的范畴，故此，说首为中国绘画之祖未为不可。但是，首的绘画事迹，因年代久远，某些古籍的记载又缺乏有力的根据，往往带有神话般的传说，因此无从查考。所以首为画祖说也难以让人信服。

何处是陶渊明笔下的 "桃花源"？
HECHUSHITAOYUANMINGBIXIADETAOHUAYUAN

　　东晋诗人陶渊明在《桃花源诗并记》中，描写了一个自由、安乐的理想社会，这就是尽人皆知的 "桃花源"。千百年来，桃花源那 "芳草鲜美，落英缤纷" 的风光，总是那么令人心驰神往。可那迷人的 "桃花源" 如今何在呢？

·湖南桃花源·

　　在今湖南桃源县西南，有一条清澈宜人的水溪，它背倚青山，景色绮丽，松竹垂阴。有人认为，这就是陶渊明笔下的桃花源。在这里，唐代建有寺观。到了宋代，又修建了渔人遇仙的 "延请楼"。元明两代所建的殿宇，不幸又先后毁于大火。1892 年，清朝又重修了 "渊明祠"，还顺山势以陶渊明的诗文为名建造了观、祠、亭、洲，诸如 "桃花观"、"集贤祠"、"蹑风亭"、"探月亭"、"水源亭"、"缆船洲" 等。

·湘西桃花源·

　　1984 年，刘自齐发表《〈桃花源记〉与湘西苗族》一文，认为《桃花源记》所描绘的那一幅没有压迫和剥削，人人劳动、平等自由的美好社会生活图景，是当时居住在武陵地区的苗族社会的写真。

　　东晋刘敬叔在《异苑》中说："元嘉初，武陵蛮人射鹿，逐入石穴，才容人。其人入穴，见其旁有梯，因上梯，豁然开朗，桑果蔚然。" 这与陶渊明笔下的 "桃花源"，有异曲同工之妙。所不同的，一位是渔家，一位是猎户罢了。此外，武陵苗民素有对桃树的崇拜以及见客人 "便邀还家，设酒杀鸡作食" 的习俗，也能与陶渊明笔下的桃花源相证。

>>> ·江苏宿城山·

　　江苏连云港的宿城山坳，三面环山，一面向海，除了翻越虎口岭，与外界无路可通。这样一个天然巧成的"东海隅"，中间是一片坦荡美丽的川原，山畔竺篁〔huáng〕摇曳，地名大竹园。东面临海处，有一座半身浮浸于海中的峻峭的山峦，状如大船，故称"船山"。山脚转弯处，一条经过拓宽的石峡，逶迤通向商公岛，在陶渊明来到郁洲以前，它早就闻名遐迩了。陶渊明《饮酒诗》说："在昔曾远游，直至东海隅"。这说明他是到过这里的，联想到《桃花源记》的描写，总觉几分相似。

　　公元400年，陶渊明任镇军刘牢之的参军，亲历了高公岛战争。从那时起，他厌倦官场、倾向归隐的念头更浓了。自当有觅求桃花源的心愿，看到武陵郡中这秀丽的渔村，夹岸的桃林，鲜美的芳草，一径通幽的右峡"小口"，他必然会像作品中的渔人一样"舍船从口入"，去游历那"良田美池"、"桑竹垂阴"的宿城山坳。

　　清代的两江总督陶澍〔shù〕，自称是陶渊明的后裔，他也确信宿城山坳就是桃花源。在宿城法起寺旁，他还建起了"晋镇军参军陶靖节先生祠堂"。为了合《五柳先生传》的文意，又仿陶渊明故居的特点，门前栽五株柳树，四下遍植桃花。那块隶书刻石的祠堂匾额，至今尚存。

暗藏玄机的太极图
ANCANGXUANJIDETAIJITU

太极是中华文明最值得骄傲的成果之一。简简单单的几根曲线，黑白两色，就包含了许许多多玄妙复杂的变化，体现出我们祖先博大精深的智慧。

·太极的概念·

"太极"的概念很早就产生了，著名的《易经》中记载："易有太极，是生两仪。两仪生四象，四象生八卦。"按照古人的观点，世间万事万物都是由"无"生出来的。由"无"生出了一，一分化为二，二生出三，三再演化就可以生出一切东西。这就是道家所谓的"道生一，一生二，二生三，三生万物"。

"道"就对应于"易"，而"太极"即是万物本原的"一"。这与现代宇宙起源学说的大爆炸理论何其相似，因此有人认为太极学说就是古人的宇宙模型，不知是否真有其事。

·太极图的来历·

在我国古代传说中，太极八卦是远古的圣人伏羲所创。伏羲观察天地鸟兽等万物演变，从中受到启发，推演出象征宇宙真理的八卦。但古书中却没有现代所见的这种由一黑一白两条阴阳鱼缠绕形成圆圈的太极图案。它是到宋代时才突然出现的。有人说它出自仙人陈抟〔tuán〕之手，也有人说是宋代理学家周敦颐所创。但鉴于太极学说自古即有流传，因此它可能早就出现了。有观点认为早在陶器时代，就出现了太极图的雏形——涡形纹，后来由伏羲等人进一步把它简化抽象，形成今天所见的图像。周敦颐、陈抟等人只是将它记录了下来而已。是否如此，有待学者们探究。

伏羲八卦（先天八卦）

二十八宿起源于哪个国家？
ERSHIBAXUQIYUANYUNAGEGUOJIA

ZHONGGUOLISHIWENHUAWEIJIEZHIMI

二十八宿〔xiù〕是古人观测天象的基础，按方位，划分为东、南、西、北各七宿。东方七宿的名称是：角、亢、氐〔dī〕、房、心、尾、箕〔jī〕；南方七宿是：井、鬼、柳、星、张、翼、轸〔zhěn〕；西方七宿是：奎、娄、胃、昴〔mǎo〕、毕、觜〔zī〕、参；北方七宿是：斗、牛、女、虚、危、室、壁。这二十八宿，在古代中国、印度、巴比伦和阿拉伯等国家所表现的意义虽不同，但都确实是存在的。然而，它究竟起源于哪一国，近一百多年来，各国学者各执一端，难以定论。

·学者们的争论焦点·

德国历史学家伊德那最先认为中国的二十八宿是为了追踪月球在恒星间的运行，以显著星象为目标而设立的二十八个标准点。1840年俾〔bǐ〕俄在其著作中明确认为二十八宿起源于中国。他提出二十八宿是赤道上的星座，形成于公元前2400年左右，而印度的二十八宿是从中国传过去的。天文学家玛得那也赞同这一观点。

1860年，韦柏在《中印两国历学的比较》一文中，提出二十八宿起源于印度的说法。

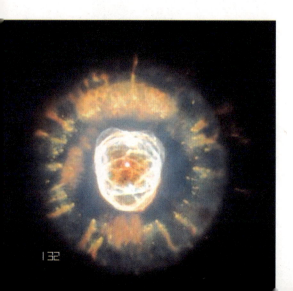

其主要理由是：印度二十八宿起源于昴，中国二十八宿起源于角，而昴为春分点的时代比秋分点的时代早一千多年。谌〔chén〕约翰根据对中国岁名、岁阳以及五帝等名称的研究也主张印度起源说。

1891年，荷姆美尔在其著作中主张二十八宿应当起源于巴比伦。这种说法得到历学家金最尔、金史密、爱特金甚至最早主张印度起源说的韦柏的赞同，于是盛行一时。

那二十八宿到底起源于哪个国家，至今尚无定论。

摆手之谜
BAISHOUZHIMI

ZHONGGUOLISHIWENHUAWEIJIEZHIMI

摆手，亦称"摆手舞"或"摆手歌"，是生活在湘西、鄂西南地区的土家族同胞的一种集体性民俗活动，土语称做"舍巴巴"、"舍巴日"或"舍巴罗托"，意为"甩手"或"玩摆手"。根据土家族人不同的居住区域和生产生活方式，摆手分为大摆手和小摆手两种类型。

·小摆手·

小摆手由各村寨在摆手堂内（过去土家族聚居的乡村建有土王庙和八部大神庙，也叫摆手堂）举行，后多改在寨口坪坝等更加宽敞的地方，且按举行活动的时间，分别称为"正月堂"、"三月堂"或"六月堂"。届时，坪坝中央彩旗招展，四周遍竖彩灯火把。待祭过神祖后，欢乐的锣鼓响起，男女老少踏着鼓点，绕着旗杆下的神祖台跳摆起来。其动作以手摆动为多，脚则随手摆动踏着节拍。在锣鼓和歌声的伴奏下，人们每跳一圈

便摆成一个图案，由各种动作摆成的各式图案连接起来，拼合成一个表现生产生活活动的完整情节，如砍火畲、摘包谷、撵野猪、打粑粑、挽麻团等，气氛热烈而又富于乡土情趣。

·大摆手·

大摆手则以湖南龙山马蹄寨、永顺双凤溪及湖北来凤卯洞土家山寨为中心，每年于正月初九或三月初三后的辰日举行。周邻各寨的土家族青壮年都赶来参加，在八部大王庙前"摆"出各种气势磅礴的战争场面，同时举行比武、祭神等活动，连续三天，规模宏大，蔚为壮观。

独具一格的摆手活动是何时形成的，土家族口耳相传的传说中，就有十几种说法。

·摆手形成的时间·

一种说法是，土王曾在战争中令部下跳摆手舞，以此打乱敌人的用兵号令，大获全胜。摆手舞在土家族人民中流传下来。一说，土王率兵出征倭寇，转眼到了年底，但将士们的家人思念前方的亲人，没有心思过年，于是在家的大臣们就提倡跳摆手舞。人们在鼓点的伴奏下跳得高兴了，思乡之情慢慢释怀了，因此过了一个好年。此后土家族人就兴起了摆手舞。此外，还有一种说法是，"摆手"是土家族人平倭凯旋时向父老演示杀寇战况的歌舞。有一种说法是，土王到湘西后，因见当地百姓不会打铁、锄草，遂兴起摆手舞，以教人们学会打铁等。据考证，土王到湘西的时间约为五代或宋初；而土家族人赴东南沿海御倭则在明嘉靖年间。所以上述诸说实际上集中于两种说法，即摆手形成于五代、宋初或明代中叶。究竟如何，尚需探索。

·中国最早的健身图·

1972年马王堆汉墓的发现，给考古学界和历史学界带来了一个个惊喜的同时也留下了一桩桩疑案，在这些疑案中尤其值得注意的是3号墓出土的一卷图文并茂的彩色画，这幅画所绘的既不是山水，也不是花卉，而是一幅最早的健身图。

在0.5平方米的画面上，用红、蓝、棕、黑等颜色分四排描绘了44个人，有男有女有老有少，他们穿着各异，有的穿短衣短裤，有的穿长袍，有的光背，有的人徒手，还有的人手持器械。这些人都是用工笔彩绘在绢帛上的，每个人都摆着不同的运动姿势。图画本来没有标题，但从人物和运动姿势和所标文字内容来推测，这很可能是古代的《导引图》。这幅图成为中国目前发现的最早的一幅健身图。

古代的导引，是指呼吸运动和躯体运动相结合的一种医疗体育健方法。体育健身法在我国具有悠久的历史。人们在与疾病和衰老的不断斗争中，创造出各种导引术，通过人的躯体与呼吸运动，达到强健身体，防治病患的目的，那么导引是怎样起源的呢？对此有一段传说，相传在唐尧时代，由于水道堵塞，人们心气郁闷，筋骨淤塞，尧于是教大家跳舞来活动气血筋骨。这段传说能够说明，古代的导引不仅历史非常悠久，而且很可能来源于舞蹈。

·"导引"的原理·

"导引"为什么能够防治疾病，这又是根据什么理论？用一句简单的古语来做解释很恰当，就是"流水不腐，户枢不蠹〔dù〕"。属于肢体部位的疾病通过肢体运动来防治，关涉内脏部位的疾病就用导引和呼吸法，局部活动不便的就进行按摩。有关"导引"的古代传说非常多，史书也记载了很多神仙之类的导引术。彭祖传说中的导引法说：导引可除百病，延年益寿。彭祖是殷大夫，传说他经历商周等很多年代，活了七百余岁。显然，这是一个虚构的故事，但它也能告诉我们，适当的运动可以使人健康和长寿。汉代张良多病，就曾导引辟谷，辟谷就是不吃粮食。

·《导引图》·

马王堆3号墓出土的《导引图》内容大致可以分为3类：第一类是描述运动姿态，有伸展、曲膝、体侧、腹背、软体、全身跳跃、舞蹈等肢体运动；还有呼吸运动和使用棒棍、沙袋、盘碟、球类的器械运动，例如书中有一幅"以丈（杖）通阴阳"的图，画的是一个穿裙子的妇女，手执木棍，弯腰下俯，利用棍棒使双手呈直线状极力展开，这样来促使人体上半身位置下移，下半身位置相对上举，也就能"调和阴阳"。第二类主要是说明这些运动摹仿哪一类运动，如鹞背、龙登、猿呼、熊经、猕猴喧闹等等。像"熊经"，画的是一个男子穿长袍，模仿笨熊爬树；还有的画是画一个男子，赤背，穿短裤，弯腰向前，两手支地两腿紧靠，头向前伸，两眼正视前方，仿佛小鸟舒展身体呼吸空气。第三类说明每种运动所针对的病症，数量最多也最重要，如引痹、引项、引热、引积等等。"引"就是用导引术来治疗某种疾病。

·古代的运动疗法·

汉代非常重视运动疗法，长沙马王堆3号墓还出土了《养生方》竹简中《十问》一章，记载着黄帝还有古代帝王与医家的对话，并且还有一些其他的人物对于养生、服食、呼吸、吐纳，及房中事等方面所谈论的医学理论。简文中具体谈到了"精"、"气"和"神气之道"，还有如何吐故纳新，讲述气候变化有关保健方面的道理。墓中还出土了医书中的《却谷食气》，是西汉早期抄写的行气导引专论。文中叙述了行气导引方法和四时食所宜忌，同时提出随年龄的增长，要逐渐增加练功的次数，都具有一定的科学性。

1983年底至1984年初，在湖北江陵张家山西汉前期墓葬中出土了竹简《引书》，书中文字详细讲述了导引的各个动作和疗病的方法，表现了导引术与医学理论的结合。《引导》中的一些内容与《导引图》有很大的关联，二者一为图谱，一为文字说明，相辅相成。而史书记载华佗创编的模仿五种动物活动的《五禽戏》，也是一套保健医疗体操。史籍记载，华佗的弟子吴普坚持操练五禽戏，九十多岁时仍耳聪目明，牙齿完好。而身体有病时，也可以操练五禽戏而治愈。五禽戏的出现，很大程度上推动了后世导引养生术的发展，同时对后来一些象形拳的创编提供了很大的启示。

凤凰之谜
FENGHUANGZHIMI

龙飞凤舞，是中华民族传统文化的象征。然而，凤凰的原型究竟是什么？历来说法不一。

·凤凰到底是什么？·

有人说凤凰是鸵鸟，也有人说凤凰是极乐鸟，另有人说凤凰是某种早已灭绝的巨鸟。但是，细加考证后便会发现，鸵鸟之类，我国根本没有。说凤凰是某种早已灭绝的巨鸟也欠证据，都不可能成为凤凰的原型。

·原型是雉类？·

有人主张凤凰的原型应是与其形状较相似的孔雀。主要依据是《尔雅·释鸟》的记载："凤其雌皇。"郭璞注曰："鸡头，蛇颈，燕颌，龟背，鱼尾，五彩色，高六尺许。"可见，凤凰和孔雀形状确有相似之处。既然凤凰的原形是孔雀，那么古人为何极少将两者联系在一起呢？

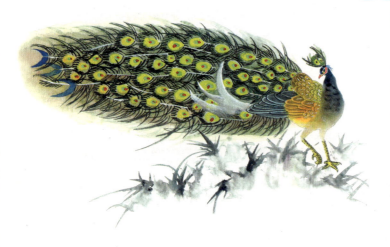

·原型类似孔雀吗？·

根据以上说法，又产生一种说法，认为凤凰的原型是雉〔zhì〕类，即俗称的山鸡、野鸡、锦鸡等。凤凰以雉类为主体，融合了鹰等许多种鸟的典型形象，应是以雉类为代表的艺术结晶。究竟凤凰是什么呢？现今仍是难解之谜。

十八般武艺到底指的是什么？
SHIBABANWUYIDAODIZHIDESHISHENME

ZHONGGUOLISHIWENHUAWEIJIEZHIMI

古书中形容一位侠客英雄的武功如何了得时，常常说他："十八般武艺样样精通。"十八般武艺又叫十八般武器。但十八般武艺到底是指哪十八般，目前仍众说纷纭。

·三种说法·

根据旧版《辞海》中的解释，十八般武艺是"我国武艺之总称也，相传为战国时孙膑、吴起所遗传，分九长九短。九长为枪、戟〔jǐ〕、棍、钺〔yuè〕、叉、钩、槊〔shuò〕、环；九短为刀、剑、拐、斧、鞭、铜〔jiǎn〕、锤、棒、杵"。所谓九长九短，是指九种长的兵器和九种短的兵器。这是历代相传的第一种说法。可是，《水浒传》第二回描写史进每天请求王教头点拨十八般武艺。经过半年，史进的十八般武艺矛、锤、弓、弩、铳〔chòng〕、鞭、铜、剑、链、挝〔zhuā〕、斧、钺、戈、戟、牌、棒、枪、叉都学得精熟。这和历代相传的十八般武艺有些不同。这是第二种说法。第三种说法是，明代马愈的《马氏日抄》说："山西李通，行教京师，无人可与为敌，遂应募为第一。试其技艺，十八般皆能：一弓、二弩、三枪、四刀、五剑、六矛、七盾、八斧、九钺、十戟、十一鞭、十二铜、十三锤、十四殳〔shū〕、十五叉、十六把头、十七锦绳套索、十八白打。"明代谢肇〔zhào〕的《五杂俎〔zǔ〕》卷五、朱国桢的《涌幢小品》卷十

二都认同此说，清代褚〔chǔ〕人获的《坚瓠〔hù〕集》更是完全本于《马氏日抄》。究竟哪一种说法更正确而全面，目前还没有定论。

·不止十八般武艺·

三种说法虽有不同，但其中绝大部分的武器都可以理解，只是"白打"是什么却要费点考证。清代周亮工的《闽小记》卷上说："武艺十八，终以'白打'。以'白打'为终，明乎其不持寸铁也。"可见，白打就是赤手空拳地相打，也就是拳术。十八般武艺添上"白打"，自然是很重要的，只有这样，所谓武艺也才能更加全备，甚至"白打"还是一切武艺的基础。不过，它并不属于兵器，只能说"武艺"不能说"武器"。其实，古代武器中还有弹、匕首、飞镖等等。《通俗文》说："匕首，剑属。其头类匕，故曰匕首，短而便用。"又说："矛长丈八谓之。"这样，所谓武艺就实在不止十八般，所以这个名称也有问题。怎么会成为"十八般"的，更是一个谜中之谜。

神奇的中医针灸术
SHENQIDEZHONGYIZHENJIUSHU

稍微有点中医常识的人，都会知道中医有一种叫针灸的治病办法。中医理论认为经络分布在人的全身，包括各器官、皮肤及筋肉，就好像一个大的交通系统一样；而穴位只是经络上的一部分，它们处于这个大交通系统的诸多十字路口上。经络和穴位是无形的。它们不同于血管和神经，可以凭借解剖学清晰可见，于是要用现代医学理论来理解它，还得按照另一番原理来做详尽的阐述。

·穴位与经络·

针灸讲究对准穴位下针。穴位呢？指的是人身上一些有特殊感觉的点。医生用银针刺你的某个穴位，你的身体就会有一些相应的感觉。我们身上有七百多个这种点，它们各司其职、互不相犯。针刺进穴位之后，我们的身体会感觉到酸、麻、胀等。这些感觉就好像沿着一定的路线在行进。这些路线在中医里叫做"经络"。历史上和现实中被针灸治好疾病的人很多。

·针灸的起源·

从针灸术的起源来看，因为考古发现了很多用来戳皮肤的磨制石器，于是人们把针灸

术的起源追溯到了石器时代。大概那个时候的古人已经发现用尖头的工具戳身上某个位置，会令一些病痛减轻，所以才磨制了这么多尖锐的石器吧。中国古代有很多运用针灸治病救人的故事，最著名的莫过于扁鹊给误以为已死的虢国太子进行针灸，让他起死复生并见识了自己的葬礼的传奇。

➤➤➤ ·针灸的奥秘·

通过系列实验，现代祖国医学认为人体穴位大多和神经系统有关，很多穴位的深层就有神经束，而且和血管、淋巴管、肌肉等组织也有着密切联系。西医术语中的触发点、运动点等概念跟穴位都有相通之处但又不完全相同，要用西医理论来给穴位做一个命名目前还有距离。经络也曾被认为和神经有关，可又有人证实经络传感路线和神经走向不一样。因此有学者指出，经络的实质只是大脑皮层感觉中枢的一种反射，实际上并不存在所谓的路径。这一下子就否定了几千年来传统中医对经络的研究和认识，于是遭到了传统中医的反对。但是中医理论要保护自己的观点也需要积极寻找证据来证明自己。因此，要想将观点统一，还需要进一步探讨。

神奇的蒙汗药之谜

SHENQIDEMENGHANYAOZHIMI

在许多武侠小说中都提到过一种神奇的古代迷药"蒙汗药"。据说它溶在水里或酒中无色无味。不知情的人喝下之后就会全身发软动弹不得，甚至昏迷不醒，但只要吃下解药或在脸上洒点凉水，即可平安无事。这种神奇的蒙汗药究竟是用什么制成的呢？

>>> ·蒙汗药的成分·

蒙汗药的主要成分大概有三种说法。一是草乌。草乌中含有乌头碱，对人的神经末梢有先兴奋后麻醉的作用。但乌头碱有剧毒，三四毫克就可致人死命，似乎与古书中所载蒙汗药对人无害的药效不符。二是流传最广的说法便是曼陀罗。包括《本草纲目》在内的许多医书都载有以曼陀罗为主药的麻醉剂。现代医学临床证明，曼陀罗确实是优良的麻醉药，而且它能抑制汗腺分泌，使肌肉松弛无力，这也与古书中的描写相符。另据沈括记载，有一种名叫"坐拿草"的植物叶子能使昏迷的人苏醒，这可能就是所谓的解药了。但用过上述麻醉剂后用凉水洒在脸上并不能解除麻醉。蒙汗药是否在土药曼陀罗之外还有一些不为人知的辅药呢？三是押不卢。在南宋周密的记载中提到押不卢产于西域西边数千里。用一点点粉就能使人昏睡不醒，3天之后再用另外一种药即可醒来。到底古书中的蒙汗药是哪一种不得而知。况且只知道主药还不够，重要的还有它的其他成分。到底蒙汗药是何种配方所制，仍是个谜。

"万岁"称呼起源之谜

WANSUICHENGHUQIYUANZHIMI

"万岁"这两个字可谓是中国人非常熟悉的称呼。这个在中国社会心理结构中被神化了的"万岁",在封建社会里,主要是皇帝的代名词,是一种与最高统治者划等号的威仪,是中国封建专制主义在形式上的一种表现。两千多年来,"万岁"之声在中国的历史文化氛围中,可谓是声震寰宇,不绝于耳。这个至尊的"万岁"称谓是何时产生的?又是怎样演变的呢?

·始于汉高祖刘邦·

一般认为,秦汉以后,臣民们才开始直呼至尊无上的皇帝为"万岁"。它始于汉高祖刘邦。刘邦临朝时,"殿上群臣皆呼万岁"。为了显示出"万岁"这种称呼的至尊地位,与之相辅的一套礼仪在刘邦时形成了。它经由汉初名臣叔孙通草创的,此后经历代帝王的御用礼官不断沿袭、补充、修订,形成了后来朝拜"万岁"的大套繁文缛〔rù〕节。正如唐代魏征所说:"终藉叔孙礼,方知皇帝尊。"叔孙通制订朝仪后,"自诸侯王以下莫不振恐肃敬","无敢欢哗失礼者",使刘邦因此感到"吾乃今日知为皇帝之贵也"。因此,"万岁"成为皇帝的专称,与中国封建专制制度的确立密切相关。

也有观点认为，"万岁"成为最高封建统治者的代名词，始于汉武帝刘彻，是汉武帝精心炮〔páo〕制的政治谎言的产物。这是因为，汉武帝独尊儒术，而儒家则将"万岁"定于皇帝一人。据《汉书》记载，汉元封元年春正月（公元前110年），武帝行幸缑〔Gōu〕氏，诏曰："朕用事华山，至于中岳……翌日亲登嵩高，御史乘属，在庙旁吏卒咸闻呼万岁者三。登礼罔不答。"荀悦注说："万岁，山神称之也。"就是说神灵也向武帝高呼"万岁"，后来人们向皇帝"三呼（山呼）万岁"即源于此。在太始三年（公元前94年）二月，武帝"幸琅邪，礼日成山。登之罘〔fú〕，浮大海。山呼万岁"。从此，万岁归于皇帝一人。若他人使用，则成了僭〔jiàn〕越。据《后汉书·韩棱传》记载，大将军窦宪挫破匈奴，威震天下，奉诏回长安，"及宪至，尚书以下议欲拜之，伏称万岁。棱正色曰：'夫上交不谄，下交不黩，礼无人臣称万岁之制。'议者皆惭而止。"说明此时称万岁之制已经确立了。

那么究竟"万岁"称呼始于何时呢？这有待于史学进一步研究。

古代的五刑创制于何时?

GUDAIDEWUXINGCHUANGZHIYUHESHI

我国是一个有着悠久历史和古老文明的国度。在远古的唐尧时期已有五刑的雏形。

·五刑源于"五行说"·

据《尚书·舜典》记载,舜任命皋陶主管司法,专门执掌五刑,他对皋陶说:"汝作士,五刑有服。"到公元前21世纪的夏代,以五刑为主刑的法律制度渐趋完善。至周朝已统一实行墨、劓〔yì〕、剕〔pì〕、宫、大辟〔pì〕五种刑罚。根据犯罪事实,区别情况适用刺墨、割鼻、砍脚、破坏生殖器、死刑。秦、汉两个朝代,沿袭周朝以前的五刑制度。隋、唐之后,随着封建社会生产力的发展,刑法上以笞、杖、徒、流、死的新五刑代替了墨、劓、剕、宫、死的旧五刑。即抽鞭子、打脊仗、关徒刑、刺配和死刑。当然每个刑种当中还分为数个刑级,以《隋书·刑法志》五刑中的"徒"为例,分五个等级:判一年徒刑的加鞭60笞〔chī〕10;二年徒刑加鞭20笞20;三年徒加鞭80笞30;四年徒加鞭90笞40;五年徒加鞭100笞50。鞭笞均为主刑的附加刑。以死刑为例分三等:绞、斩(分为斩首、斩腰)、凌迟。这种新五刑一直为梁、元、明、清各封建王朝所沿袭,可谓解五刑一贯制了。

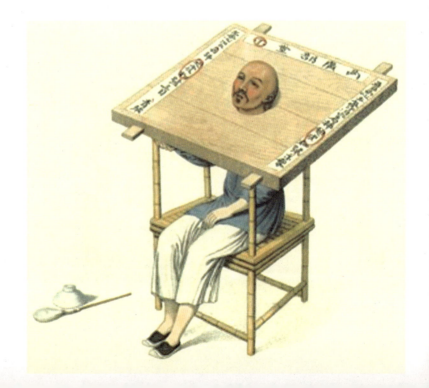

·刑法源于物质相克·

到了汉朝，汉武帝废除百家，独尊儒术，把五刑中的每一种刑罚都赋予了封建主义的伦理内容。东汉班固著的《四虎·五刑解》中阐释，古代五刑的伦理基础是"五行说"。中华民族的祖先认为，天地间万物的本源都是由金、木、水、火、土五种物质元素构成的。两种元素相克适用于刑法，就会产生五刑中的一种刑罚。所谓水火相克，水必灭火，于是便确立了死刑。土与水相克，水来土挡，便确立了宫刑，即割除或者破坏生殖器。金与木相克，金必克木，确立了墨刑或刖〔yuè〕刑，用刀断肢体、刻肌肤等。

·学界争议·

对于生活在今日的青年人来说，五刑已成为遥远的历史，只能从现在法制史的课本上了解它，但是对于有志于研究法制史的人们来说，他们一定会知道关于五刑的创制问题，至今法学界仍有很大争议。一种观点是"五刑始于兵"。他们认为，原始社会末期，部落之间发生频繁战争，加速了强胜的氏族的权力集中和社会分层，成为形成国家的契机。有战争就会有俘虏的目的，出于仇视敌对部落，奴役俘虏，于是便开始有了以断肢体、刻肌肤为主的肉刑，进而形成了五刑制度。还有一种观点是"五刑始于三苗"。他们认为，原始时苗族是一较大民族，生息繁衍于长江中游以南地域，当时苗族的农业比较先进，其部落联盟酋长为炎帝，也叫神农氏。后来炎帝所属的长江以南部落与轩辕黄帝所属的江北部落汇合在一起，构成了中华民族。苗族把五刑也带过来了。还有一种说法是夏禹讨伐三苗时，从三苗那里学来了墨、劓、刖、宫等刑罚，此后，夏、商沿袭。这些虽说都是学术争鸣，但也说明五刑始于何时何地仍然是个难解之谜。

封建刑律 "亲亲相隐" 之谜
FENGJIANXINGLÜQINQINXIANGYINZHIMI

在我国的封建刑律中，有这样一条历代沿袭的立法原则，就是 "亲亲相隐" 的原则。这一原则是指近亲属犯了罪，应予以隐瞒，不得向官府告发和出庭作证，这样做不得论罪；反之，就要论罪。

>> · 为何要强调 "亲亲相隐" 呢？ ·

这样做的目的是维护了儒家的封建伦理道德和家族制度，以巩固君主专制制度。其理论基础是儒家思想。孔子说："父为子隐，子为父隐，直在其中矣。" 到了西汉时 "罢黜百家，独尊儒术"，越发强调 "亲亲相隐" 了。于是便见诸于汉代律规定："亲亲得相首匿。" 汉宣帝本始四年的一次诏令中说："自今子首匿父母，妻匿夫，孙匿大父母，皆勿坐。其父母匿子，夫匿妻，大父母匿孙，罪殊死，皆上请廷尉以闻。"

·亲属不得到大堂作证·

从唐朝到清朝末年，所有封建刑律都赋予了这个亲亲相隐的原则，而且法有明文规定在案时，不得让允许相隐的亲属到大堂作证。"亲亲相隐"的实质，概括起来讲，就是亲属有罪要互相隐瞒这样做不论罪或减刑，而控告应相隐的亲属则要处刑。《唐律》规定，控告祖父母及父母处绞刑，控告其亲尊长、外祖父母、夫、夫之祖父母，符合事实，处徒刑二年。如所告罪重大，以减所告罪一等论处。《明律》规定，子孙告祖父母、父母、妻告夫及夫之祖父母、父母，处仗刑一百，徒刑三年。

封建刑律是对亲属的所有罪行都允许"亲亲相隐"吗？不是的。例如亲属谋反、谋大逆、谋叛及其他重罪，如唐律规定的缘坐之罪即犯了一人犯罪株连其亲属家属之罪，《明律》规定的窝藏奸细罪等，总之，当亲属犯了直接侵犯皇权罪时，则又提倡大义灭亲了。对于严重破坏封建统治秩序的罪，规定亲属有义务告发、作证。由此可见封建刑律中的亲亲相隐的原则，它是攥在统治者手中的一块黄泥巴，怎样对其阶级统治有利就怎样去捏合。因此说这一刑律原则并不是恒定的，也不是带有普遍适用原则的，黎民百姓对其是捉摸不定的，亲属犯法时瞒也不是、不瞒也不是。

封建社会里强奸案何以没有其他案件多?
FENGJIANSHEHUILIQIANGJIANANHEYIMEIYOUQITAANJIANDUO

中国的封建社会延续几千年,历史上的统治阶级为维护社会管理秩序,对强奸罪都做了严格的规定并从重处罚。按理说,在那个年月里,这类性犯罪应该比抢劫、盗窃犯罪要多得多,但由于受害人很少告官,在万不得已的情况下即使告发了,也不一定能胜诉,最后还弄得身败名裂。即使受害人告官胜诉,由于自己失去贞节,也还是以自寻短见而告终。受害人不告诉,这类犯罪怎能多呢?

·强奸罪还是重婚罪·

宋代张邦畿〔jī〕在《侍儿小名录拾遗》中记载了这样一段故事,大意是:古时有个赶考落榜后穷困潦倒的书生名叫王魁,无颜回家面见老父,便逗留于山东莱州府走街串巷,卖字为生。一天,与讨字的姑娘桂英相识,互生爱慕之情。当桂英得知王魁的处境后,便深情地说:"你不要卖字了,就在我家中安心读书吧,你的生活我全包下了。"这样过了年余,皇帝张榜招贤,王魁赴京赶考中了,被分配到徐州做官。随后,王魁由父母做主与崔氏结为夫妻。这些情况桂英全然不知,后来听说王魁考中并分配到徐州为官,便派人送书。王魁佯装不认识桂英其人。由于王魁的负情,桂英自刎身亡。当夜,幽魂飘到徐州王魁府上。王魁正在灯下阅卷，桂英厉声对王魁说道："你轻恩薄义，负誓渝盟，使我如此！"王魁吓得魂不附体，讨饶说："我有罪，我一定为你超度亡魂，多烧纸钱，原谅我吧！"桂英说："我只要你的命，无所他求！"次日王魁无病而死。

显然，这个故事带有浓厚的封建迷信和因果报应的色彩。青年朋友也许会说，这件事要搁现在，王魁与桂英已构成事实婚姻，王魁高中后又娶崔氏，便构成重婚罪了。如王魁不承认事实婚姻，就赖他强奸罪。其实，这些招儿在封建社会里都行不通。

》》》·《大清律例》·

封建社会历代王朝律令中的强奸罪要件大同小异。以《大清律例》为例，它规定，只有在妇女始终抵抗歹徒的性暴力行为或女方身亡或女方身体部位被严重致伤时，法官才会认定为强奸罪。也就是说，妇女遭到强奸时，如果一开始反抗，后来无力抵抗或歹徒拿出凶器威迫下或口头威吓女方被迫停止反抗而接受歹徒的性行为，均视作通奸行为。一旦被认定为通奸罪，就会给受害者带来三个恶果：一是封建社会伦理道德主张"女人饿死事小，失节事大"，蒙受羞辱的名声，只好自杀身亡以逃避舆论的谴责。二是以前有过"失节"行为的女人，即使被强奸，罪犯也要从轻处罚；三是妇女与男人通奸的，未婚女子要被重打80大板，已婚妇女要打90大板。清代还规定，不论男女挨板子都要当众裸露下身，挨打蒙羞。因此，妇女被强奸告官九死一生，毋宁不告。在这种法制下，强奸罪自然少了。当然，这种说法还是一面之词，那时强奸罪少于其他罪是否还有其他原因呢？也说不定。

古代宫刑是否适用女犯？
GUDAIGONGXINGSHIFOUSHIYONGNÜFAN

宫刑是中国古代残酷的五刑之一。宫刑创制的目的是惩治男女之间不合礼法的性交行为者。因此，宫刑被称作为辱刑。

·宫刑是对男还是对女？·

我们祖先所创制的宫刑在适用范围上，一直还是个谜。说它是专为治奸淫罪使用吧，而历史资料所载，它所适用的对象又多非奸淫犯罪。再说，宫刑是只适用于男性罪犯还是也适用于女性罪犯呢？

李悝〔kuī〕《法经》条律略曰："妻有外夫则宫日淫禁。"郑玄《周礼·秋宫》注文中说："男女不以义交，其刑宫。"孔颖达《尚书·正义》曰："伏生书传云，男女不以义交者其刑宫，是宫刑为淫刑也。"上述古籍可以说明这样两个问题：一是说宫刑是针对与有夫之妇通奸或同居而设立的。二是说宫刑对象不论男女都适用，对男子阉〔yān〕割生殖器；对女性是用木桩击腹，使子宫下垂闭塞阴道以碍交，也叫椓〔zhuó〕刑。

·对女犯实行"幽闭"·

在另一些古籍中却说宫刑是专对男性罪犯的，女性犯奸淫罪只适用"幽闭"，不搞肉刑。所谓幽闭，就是禁闭于宫中，长期不让她见到男性。如郑康成注的《周礼·秋宫·司刑》中说"宫者丈夫则割其势，女子闭于宫中，若今宫男女也。"《白虎通·五刑》云："宫者女子淫，执置宫中不得出也。"从这些古籍中又可以得出这样结论：凡与有夫之妇通奸者，对男方则割势，对女方只关禁闭就行了。可见，宫刑是否适用女

性，历来有争议。

但有一点可以肯定，我国古代宫刑除治奸淫罪外，它所适用的范围很广泛。据《周礼·秋宫》所载，当时适用宫刑的罪名有 500 条；《尚书·吕刑》载，宫刑对象有 300 种之多。可见，当时对男性割势绝不仅仅是适用于与有夫之妇通奸之罪上。从一些古籍看，我国古代真正的为治奸淫而适用宫刑的案例是很少的，而适用宫刑多属于下列几种情况：一是用宫刑顶替死刑。即犯罪当死而情节稍轻的，即可以宫刑代替。汉武帝时，太史公司马迁因为李陵辩护激怒汉武帝，原准备处以死刑，后经群臣保奏加上司马迁有才华，便以宫刑代替死罪。司马迁遭受侮辱刑后，闭门谢客，发愤著《史记》。二是用宫刑惩处战俘。古代战争是兵对兵，将对将，一场战役后被俘获敌方官兵，多适用宫刑。这样，既可使他们不再繁衍后代，以免日后血亲复仇，又不

影响他们做奴隶干活。据《史记·秦始皇本纪》载，秦王嬴政兼并六国后，为在骊〔Lí〕山修建阿房宫，将俘虏的 70 万战俘都施以宫刑，后驱赶他们参加大兴土木修建皇宫，即所谓"施宫徒刑者，七十余万人"。三是在对危及封建统治的政治要犯处死时，作为一种刑罚适用在其后代身上。古代对于"大逆不道"者要凌迟或腰斩，并且株连九族，年 14 岁以下男孩适用宫刑，目的在于不让大逆不道之罪犯再繁衍第三代。从这一刑罚的后果来看，宫刑也叫做腐刑。（淳注："腐，宫刑也。丈夫割势，不能复生事，如腐木不生实。"）意思是受宫刑之人如同朽木，不会再发芽结果了。然而对于 14 岁以下女孩却采取"设县官"，即卖给官家世代为奴婢。由此可见，宫刑岂不是只对男不对女吗？

古代 "血亲复仇" 法无明文
GUDAIXIEQINFUCHOUFAWUMINGWEN

血亲复仇是一种古老的"以血还血"为亲人报仇的行为。中国几千年的封建社会里,这种血亲复仇之风长期留存。

>>> · "血亲复仇" 的沿革 ·

当社会发展到奴隶社会之后,生产力有了相对发展,开始形成以夫妻为主体的家庭关系后,这种古老的血亲复仇行为,逐渐的不再是全氏族的事,而缩小范围成为近亲的仇杀。

进入封建社会便演变成为子报父仇的习俗。仇杀的对象和范围由封建道德规范所制约,一般讲只要求杀父者一个人来偿命。

三国时,魏文帝曹丕曾诏令限制私自复仇。不过他还留个活话,即在杀人犯被告发后逃走时,死者家属可自行追杀。但曹丕又规定,如果已被皇帝赦免或者说杀人是由于过失造成的,则不允许受害者家属私自追杀以报私仇。之后,在西晋和南北朝相继视血亲复仇是非法行为,但始终没有法律上的明文规定,即处于无法律调整的状态。

到了宋朝,对于制止血亲复仇虽然法无明文。从宋朝皇帝亲自办一例血亲复仇案件,起到了血亲复仇案从轻发落复仇者的叛例作用。宋仁宗年间,京东西路单州(今山东单县)有个叫刘玉的普通百姓,他的父亲与一名叫王德的人,互相殴打致死。王德虽然有罪,但宋皇帝却赦免了他并取消了他的罪名。之后,刘玉见王德出了大狱父仇未报,便私自杀死王德为父报仇。宋仁宗复审此案时,认为刘玉为父报仇的行为是有情可原的,可以免去死罪,从轻处以杖刑。

从上述案例中,一方面可以看出,宋朝历代皇帝一方面确认复仇行为是非法的,一方面使作案者都受到这样或那样的刑事处罚。这样做完全是为了确保那个特定时代社会安定的需要。但对于这样比较普遍的报复行为却又始终没有成文法进行调整或制止,是那个时代立法者的疏忽吗?不是的。这也可能是因为封建旧礼教中的忠、孝、仁、爱等儒家学说与封建立法在这个问题上相互间有着不可调和的矛盾,造成法律上的盲区现象。总之,血亲复仇既是违法的,但反过来又受到封建道德舆论上的支持。所以在封建社会里对血亲复仇者一般不偿命,而是从轻处罚。

历史事件之谜
LISHISHIJIANZHIMI

中国历史文化未解之谜

历史上真有"箕子入朝"这件事吗?

LISHISHANGZHENYOUJIZIRUCHAOZHEJIANSHIMA

朝鲜最早建立的奴隶制国家,史学界一般称之为"古朝鲜"。关于古朝鲜的建国,有两种说法,其中有一种与中国商朝有关。

·"檀君开国说"·

这是一种神话传说,最早见于13世纪朝鲜僧人一然的《三国遗事》。这部书说的是神雄与化为女身的熊相配而生下"檀君王俭"的故事,朝鲜人大多坚信檀君是他们的开国之君。这个神话传说,自然并不足信。

·"箕子入朝"说·

相传,箕〔Jī〕子是商朝的大贵族,一说是商纣王的叔父,一说是商纣王的庶兄。商朝末年,纣王荒淫无道,致使社会动荡,危机四伏。朝中一批大贵族如箕子、微子、王子比干屡屡进谏,要求纣王远酒色,亲忠良,操理政事,改革朝纲,以挽救商朝倾颓的危局。结果触怒了纣王,比干被杀,箕子被囚,微子出逃。周武王灭商后,"释箕子之囚"。但箕子获释后,耻于亡国,不能接受周取代商的事实,遂率5000遗民外逃,来到周朝的东部边陲——"东夷"(朝鲜半岛北部)一带定居下来,建国称王。周武王初定天下,忙于治国安民,就承认这一既成事实,"乃封箕子于朝鲜而不臣也"。这就是"箕子入朝"的由来。由此,箕子成了朝

鲜历史上的开拓性人物。

然而，究竟有没有"箕子入朝"之事，史学界众说纷纭，至今仍是一大悬案。

· "箕子入朝"的纷争 ·

持否定观点人认为，完全没有"箕子入朝"这件事。理由是：关于箕子这个人和他的事，古书的记载不可靠，可能是后人伪造的。齐思和的《世界通史》、周一良的《亚洲各国古代史》以及朴真奭的《朝鲜史讲义》，都认为《史记》的说法存在矛盾，缺乏根据，至于后人的附会更不便轻信。

同上述观点相反，有些学者则认为，"箕子入朝"的说法是可信的。理由是：（1）在朝鲜南部和西北部发掘的许多石棚遗迹，与山东半岛、辽东半岛发掘的石棚同属一个系统。（2）中、朝开国始祖的传说相类似，始祖"卵生"的神话是共同的特征。（3）商朝人崇尚白色衣物，而朝鲜人自古以来便好穿白色衣服，这个习惯至今尚未完全改变。从各方面情况来看，"箕子入朝"的可能性是存在的。

张政在《五千年来的中朝友好关系》中，通过对"箕子与箕田"的考据分析，对"箕子入朝"之事也作出了肯定的结论。他认为朝鲜平壤附近的"箕田"古迹，是箕子传来的商代田制（平均分配土地之法），故而称之为"箕田"。

金毓黻在《东北通史》中认为，像《尚书大传》、《史记·宋世家》、《汉书·地理志》、《三国志·东夷传》这些中国古籍，又像《朝鲜史略》、《海东绎史》、《朝鲜鲜于氏奇氏谱牒》这些朝鲜古籍，均记述有"箕子入朝"这件事，这不是偶然的和竞相附会的，"箕子被封入朝"故而是可信的。

有的学者还进一步指出：周初分封了七十余国，武王兄弟受封15人，受封的异姓诸侯以姜姓为多。此外，受封的还有一些商朝的贵族，可能也包括箕子。周初分封的目的，是为了"众建诸侯"，作为周朝统治中心的屏障。在这个过程中，周边各族如东夷、西戎、南蛮、北狄，纳入了周朝的势力范围。朝鲜在地理上属于"东夷"，史书上"箕子被封入朝"的事，是符合当时实际情况的。如果说这件事是后人伪造的，那么，很难想象的是，两千多年前的学者如此伪造到底为了什么呢？

"卧薪尝胆"的故事真实吗？
WOXINCHANGDANDEGUSHIZHENSHIMA

关于越王勾践"卧薪尝胆"，早已是家喻户晓的历史故事了。问题是，勾践用以激励自己的手段——卧薪和尝胆，到底是否是真实的呢？

·尝胆之说·

关于越王勾践事迹的历史资料，成书时代较早而史实可信的，当首推《左传》和《国语》。在《左传》的"定公"和"哀公"中，《国语》的《吴语》和《越语》中，大量记述了越王勾践的事迹，但并没有关于勾践卧薪尝胆的记载。司马迁作《史记》，广泛搜罗先秦的古籍资料，访问历史遗迹和民间传说。但在该书的《越王勾践世家》中，司马迁仅记勾践"置胆于坐，坐卧即仰胆，饮食亦尝胆"，说明有"尝胆"一事，而没有"卧薪"之事。东汉的袁康、吴平作《越绝书》，赵晔作《吴越春秋》，专门记述春秋之时吴越两国的史事。它们在先秦古籍的基础上，掺入了一些小说家的怪诞离奇的传闻，可信度已大打折扣。但前书既没有说到卧薪，也没有提到尝胆；后书也仅说越王勾践"悬胆于户，出入尝之，不绝于口"，仍不提卧薪的事。这样看来，尝胆之事，最早出现于西汉的《史记》。而卧薪之事，到东汉时还没有记载。

·"卧薪"与"尝胆"·

据考证，卧薪和尝胆连在一起，作为一个成语来使用，最早见于北宋苏轼的《拟孙权答曹操书》。这是一篇游戏性质的书信体文章。苏轼为孙权起草了一封答曹操的书信，信中设想孙权"卧薪尝胆"，内容与勾践是不相干的。有趣的是，南宋吕祖谦的《左氏传说》、明朝张溥的《春秋列国论》、清朝马骕的《左传事纬》和《绎史》两书中，把卧薪尝胆说成是吴王夫差的事情。不过，南宋真德秀的《戊辰四月上殿奏札》、黄震的《古今纪要》和《黄氏日抄》，所持的是勾践卧薪尝胆的观点。到明朝末年，梁辰鱼写传奇剧本《浣纱记》，渲染了越王勾践的"卧薪"、"尝胆"二事。至清朝初年，

吴乘权编了一本简易通俗的史书《纲鉴易知录》，冯梦龙所写的历史小说《东周列国志》也刊刻面世，书中多次提到勾践卧薪和尝胆，从而使这件事愈传愈广。

·"卧薪"不是睡在硬柴上·

另有一些学者认为，勾践"卧薪"之事，在东汉成书的《吴越春秋》中就有记载。该书说，当时的勾践"苦身劳心，夜以接日。目卧则攻之以蓼〔liǎo〕……"什么是蓼？据说这是一种苦菜。"蓼"积聚得多了，就成为"蓼薪"。"攻之以蓼"，实际上也就是"攻之以蓼薪"。《吴越春秋》这句话的意思是说，勾践日夜操劳，眼睛疲倦得想睡觉（"目卧"），但他忍耐克服，用苦菜（"蓼薪"）来刺激，打消睡意。尝胆是让味觉感到苦，卧薪是让视觉感到苦。"卧薪"的目的，是在折磨眼睛而非折磨整个身体。把"卧薪"说成是睡在硬柴上，那完全是一种误解。

"金匮之盟" 之谜
JINKUIZHIMENGZHIMI

"金匮〔kuì〕之盟" 是一个广为流传的故事。在赵匡胤建立宋朝的过程中，其弟赵匡义也起了一定作用。他们的母亲溺爱匡义，有鉴于过去父死子幼皇位不稳的教训，主要也是为了为匡义谋得一份好处，她就力促宋太祖立约，同意先传位于皇弟、由皇弟复传位于太祖之子。该约写成后封藏在金匮之中，后人称之为 "金匮之盟"。

·三大遗案之一·

北宋王朝初期有三大疑案，其一为 "陈桥兵变"，说的是赵匡胤登位的事；其二为 "烛影斧声"，谈的是宋太宗杀兄继位；其三就是 "金匮之盟"。

·"金匮之盟" 伪造的文件·

学术界一般认为，"金匮之盟" 是宋太宗即位六年后伪造的文件，这似已成为定论。后有人旧案重提，认为这是一桩有真有伪、而伪者又非纯伪的复杂事件。从《宋会要辑稿》发现的一则太祖传位遗诏看，太宗即位已有了这一公诸天下的依据，是正当理由的，用不着在即位 6 年后再为自己伪造根据。但是，这中间确实又有矫改的成分。史料所载的 "金匮之盟" 具体内容为 "太祖传匡义，匡义传二弟廷美，廷美传太祖之子德昭"，而太宗公布的盟约内容却为 "太祖独传太宗"。结合太宗当时对赵廷美的多方迫害，可以认为，宋太宗公布 "独传约" 而不是广为流传的 "三传约"，就是为迫害廷美，进而建立自己的私家王朝创造根据和条件。因而，"独传约" 是对原始的 "金匮之盟" 的篡改，但所公布的内容，即 "太祖传位太宗" 却有真实性。

这一新论是否能得到史家的认可，尚待考证。

赵匡胤"黄袍加身"前是否谎报军情?
ZHAOKUANGYINHUANGPAOJIASHENQIANSHIFOUHUANGBAOJUNQING

ZHONGGUOLISHIWENHUAWEIJIEZHIMI

960年夏历正月初一,突然传来"北汉与契丹合兵南犯"的紧急军情。后周急忙派遣殿前都点检赵匡胤率兵出征。兵马走出四十多里地,行至陈桥驿,军中哗变,有人给赵匡胤"黄袍加身",立他做北宋皇帝。这便是历史上有名的"陈桥兵变"。究竟有没有"北汉与契丹合兵南下"的军情呢?

·谎报军情说·

关于北汉与契丹合兵南下的事,《旧五代史》、《宋史》、《续资治通鉴长编》、《契丹国志》,是有明确记载的。令人不解的是,这么大一件事,《辽史》中却只字未提。到了清代,毕源编《续资治通鉴》,在考异中提出了怀疑。有些当代史学家认为,是赵匡胤谎报军情,借出兵之机发动了政变。尚钺的《中国历史纲要》说:"赵匡胤虚报辽和北汉联兵入侵,借奉命出征的机会,利用五代以来将士拥立的风气,在陈桥驿组织兵变,自立为帝。"陶懋〔mào〕炳的《五代史略》也说:"赵匡胤与弟匡义、心腹赵普密谋,谎报辽兵南犯。范质等仓猝命赵匡胤率部抵御,于是演出'陈桥兵变'、'黄袍加身'的历史喜剧。"

·并非阴谋说·

有人不赞成上述说法,提出了完全相反的意见。程溯洛在《论赵匡胤》一文中认为,契丹北汉合兵南下的急报,并不是赵匡胤事先布置的阴谋。曾维华在《陈桥兵变前镇、定二州并非'谎报'军情》一文中,对这个问题作了考证。他认为,《辽史》和《宋史》,是元朝丞相脱脱主编完成的。北汉与契丹合兵南下,对辽国来说,并不是什么了不得的大事,对后周和宋朝来说,却是一件导致改朝换代的大事。所以,《宋史》必须详作记载,而《辽史》可以省略不记。不能因《辽史》未载,从而怀疑别的史书记载不实。再有,从后周与北汉和契丹的长期敌对关系来看,北汉和契丹乘后周"主少国疑",合兵南下是可能的。陈桥兵变后不久,镇州节度使郭崇派人给朝廷送信,报告北汉与契丹已退兵的消息。所有这些,说明原先的敌情报告,并非是赵匡胤所谎报。

▶▶▶ ·《辞海》隐晦说·

《辞海》对"陈桥兵变"的解释,可谓另辟一说:"赵匡胤在赵普、石守信等的策划下,借口北汉和辽会师南下,率大军从大梁出发,北上御敌,行至陈桥驿,授意将士给他穿上黄袍,拥立他做皇帝,改国号为宋。"这里,既未称赵匡胤谎报军情,又未说赵匡胤是奉命出征,而是使用了"策划"和"借口"两个词。既是"策划",应是事先有所预谋;既是"借口",似乎应不是奉命出征。好像是赵匡胤早有夺权阴谋,只是还没有找到调兵遣将、发动政变的机会。恰好边关送来敌情报告,赵匡胤故意夸大了敌情,以使他借出兵之机而发动兵变。

事实究竟如何有待进一步研究。

"烛影斧声"之谜
ZHUYINGFUSHENGZHIMI

"烛影斧声"说的是赵匡胤死时的情景。这一掌故最早见于北宋僧人文莹的《续湘山野录·太宗即位》，后为著名学者李焘、司马光引用。

>>> · "烛影斧声" ·

金秋十月的一个晚上，秋高气爽，月明星稀。突然间，阴霾四起，雪雹骤降。太祖诏其弟赵光义入内宫，陪他饮酒。宦官、宫妾远远回避，宽敞的宫殿中只剩下兄弟二人。从远处望去，烛光之下，光义好像有些醉了，因而不时离开座位。酒酣席散时，已是午夜三更，殿外积雪有了好几寸厚。太祖举起柱斧砍雪，对着光义说："好做！好做！"其后就更衣上床休息。谁能料到，五更时分，太祖就驾崩了。尔后，赵光义在太祖灵柩前即位。

>>> · 家族遗传病? ·

就此，后人说法很多，大体上讲，有两类说法。有人认为，《续湘山野录》的记载不可能。首先，它是数十年后的作品，且未暗示太祖死得不明不白。按事情的经过，太宗如果预谋暗杀，应该布置好下一步的行动。至于赵匡胤的死因，是他酷爱喝酒，可能是得了血压高、脑溢血之类的急病，抢救不及，一命呜呼了。另外，赵氏家

族有家族病。第一代赵匡胤兄弟五人，善终者只太宗一人，其余不是早亡就是暴卒；第二代中太祖四子，忧死和早亡各占一半，太宗九子，得尽天年的只有一人。两代合在一起共有二十八人，其中夭亡一人，一人年龄不详，其他人平均年龄约四十一岁，比宋代上流社会平均年龄六十一岁小得多。因而，赵匡胤的死因是遗传性家族病，所谓"烛谜"只是那些性耽疑古的人的猜测而已。

·好色杀兄篡位？·

但也有人认为，"烛影斧声"并非空穴来风，结合史籍称"太宗自立而非嗣位"等证据看，太宗是杀死太祖的罪魁祸首。具体到杀太祖的原因，有人认为，光义由于势力扩张，与太祖发生了矛盾，因而产生了篡位的念头。也有人认为，光义因调戏太祖宠妃受斥责，索性杀死其兄。他们对"烛影斧声"之谜解释如下：赵光义本性爱好女色。太祖生病卧床，他前往探视，时值大雪之夜，太祖身边只有宠妃花蕊夫人费氏一人。光义心动恶念，乘太祖熟睡之际调戏费氏。太祖醒来撞见此事，大怒，所说"好做，好做"就是说你干的好事。光义预料等待自己的将是灾难，于是一不做二不休，杀死了太祖，逃回府中。次日凌晨，皇后发现太祖身死，就让宦官王继恩去召皇子赵德芳，不料王继恩却去了赵光义的府第，致使光义抢先登位。

宋太祖死于 976 年。一千多年过去了，他的死亡之谜一直未能破解。

曹操为什么要杀孔融?
CAOCAOWEISHENMEYAOSHAKONGRONG

孔融是"建安七子"之一,为人恃才负气,文笔简洁犀利,后因触怒曹操而被杀。可为什么曹操非杀他不可呢?在历史上,一直是众说不一。

范晔的《后汉书》上说,孔融与曹操交恶,是以曹军攻克邺〔yè〕城,曹丕纳甄〔Zhēn〕氏开始的。具体而言,有如下几件事:(1)在给曹操书中,他嘲笑曹丕纳甄氏。(2)他嘲笑征乌桓,认为乌桓是草芥小患,不值得兴师动众远征。(3)他嘲笑酒禁。他以一种诙谐的语气说:"天垂酒星之曜〔yào〕,地列酒泉之郡,人著旨酒之德……由是观之,酒何负于政哉?"(4)最使曹操难以容忍的是,他上奏《宜准古王畿之制》,主张"千里寰内,不以封建诸侯",宣扬尊崇天子,扩大汉室实权,这与曹操"挟天子以令诸侯"的策略相抵牾,引起曹操的忌恨而顿起杀机。

孔融让梨

▶▶▶ ·性格冲突·

但许多学者认为,孔融与曹操冲突,主要是双方性格矛盾所致。《汉纪》认为,孔融"不识时务"、"天性气爽"、"狎侮",而曹操"外虽宽容、而内不能平"。陈寿在《三国志》中,道破了孔融被杀的双方性格上的原因,这就是孔融的"恃旧不虔"与曹操的"性忌"。

·因酒送命·

还有人认为，孔融是因为酒送了命。理由是：今《孔融集》有曹操制酒禁二表，他措辞激昂，极力为饮酒辩护，积嫌而成忌，最终惹怒了曹操，从而招致杀身之祸。

·政治分歧·

史学家更多是从政治上加以解释。郭沫若认为，孔融被杀，是由于他与曹操的"法令相抵触"。吕今果认为，孔融是"在政治上对曹操不满的人"。吴泽认为，曹操杀孔融是为了"清除世族地主反动言论及其代理人"。

·派系纷争·

还有人从派系上分析孔融被杀原因的。翦伯赞认为：曹操统一中原后，向那些不亲附自己的士人展开了进攻。声称要"整齐风俗"、"破浮华交会之徒"，先后杀掉了最狂妄的名士孔融等人。这表明曹操企图突破大族名士势力的挟制，以树立专制的统治。郭沫若又认为，曹操虽然爱才，但对于恃才傲世，不肯亲附自己的人却是不能容忍的。孔融因瞧不起曹操，以"多侮慢欲规不轨"的罪名处死。

·性格悲剧·

徐公持认为，仅从政治上加以分析是不能令人满意的。这是因为，孔融在许多具体问题上，表现出与曹操合作的态度。后来，除了孔融在政治上对曹操确有某些不满外，还应当从他的性格上去寻找原因。孔融自恃名门出身，为孔子20世孙，一向疏狂；他又自少年起誉满清流，养成了自视很高、目空一切的脾性；他与一些权贵实力人物，从来就不那么融洽。先前，他与何进有过节，又和袁绍结了怨。后来，他与曹操的不大不小的摩擦，那种不分场合的冷嘲热讽，尽管主观上不一定具有政治上的敌意，客观上却会破坏曹操政令的严肃性，损害曹操个人的威信，终于使他忍无可忍了。所以，孔融被杀，还有很浓重的性格悲剧色彩。

宫女弑帝之谜
GONGNÜSHIDIZHIMI

ZHONGGUOLISHIWENHUAWEIJIEZHIMI

公元 1542 年，明嘉靖二十一年十月二十一日凌晨，杨金英等十几名宫女乘夜深人静之际，用绳子勒住了熟睡中的嘉靖帝朱厚熜〔cōng〕的脖子，并用脚、拳和钗脚等袭击他的身体，演出了一场谋杀皇帝的骇人事件。由于这一事件发生在农历壬寅年，史称"壬寅宫变"。

·宫女为何谋杀嘉靖皇帝？·

嘉靖是明代第 11 代皇帝，1521 年即位。执政之初，他革除先朝蠹〔dù〕政，清理勋威、宦官庄田，裁削锦衣卫等人员，惩治腐朽官员，使朝政为之一新。但是不久以后他就日渐腐败。据历史资料记载，世宗（即嘉靖帝）果于刑戮，暴虐不仁，喜怒无常，好色无比。张氏曾是他宠妃，后立为皇后，但因为一事惹恼了嘉靖，就被废弃了。原皇后陈氏被他吓得堕胎身亡；壬寅宫变时，救嘉靖有功的方皇后几年后就死去了，其因也在于朱厚熜。他对待皇后尚且如此，对待出身低贱的宫女更不用提了，在政期间，仅被他下令打死的宫女就有二百多人。宫女忍无可忍，只好"咱们下手了吧！强如死在他手里"。

·取处女经血炼丹药·

与此类似的一种观点是，宫女弑君是因嘉靖用酷虐宫女的方法炼制长生不老的丹药所致。世宗后期迷信方士，尊尚道教，自称"真君"、"仙翁"、"帝君"等，在宫中遍设坛场，一心修玄，渴求强身长寿。当时炼制此类丹药的最流行方法是"秋石"和"红铅"，前者系用童男小便，去其头尾，收其中段，加药熬炼而成，后者系收取处女经血加药拌和、焙〔bèi〕炼而成。为了炼制红铅，嘉靖信用道士，用摧残宫女身心，甚至残害其生命的方法，不顾一切地采取炼丹的原料——经血，以炼制长生壮阳丹。嘉靖中叶以后，世宗曾三次大规模选择民间幼女入宫，每次数百人，"供炼药用也"。正因为此，宫女发动了宫变。

据前一种说法，世宗久未有嗣。嘉靖十年，宁嫔王氏为他生下了儿子，却未获得晋封，世宗依然专宠端妃曹氏。因而，宁嫔怀恨在心，就指使杨金英等在嘉靖夜宿端妃处时谋杀皇帝，既为泄怨气，也为嫁祸端妃。据后一种说法，宫变与不久前发生的大礼仪之争有关。世宗并非由太子身份嗣位，先皇武宗是其堂兄。按照惯例，他在继承皇位后应尊武宗之父为父，而称自己的生父为叔父。世宗想继统而不断嗣，由此引发了长达十七年的朝廷内部之间和朝野之间的斗争。1538 年世宗在斗争中获胜。政治斗争失败者怀恨在心，就利用嫔妃发动了铲除嘉靖的宫变。

壬寅宫变涉及宫廷隐秘。由于统治者在事后对宫变讳莫如深，有关资料少而不详，事变情况鲜为人知，其原因更是不清楚。上述说法何者能站得住脚，尚待人们进一步研究。

赤壁之战究竟发生在何处？
CHIBIZHIZHANJIUJINGFASHENGZAIHECHU

ZHONGGUOLISHIWENHUAWEIJIEZHIMI

公元208年，孙刘联合抗曹，发生了有名的赤壁之战。作为孙刘联军统帅的周瑜，利用曹军远来疲惫、不习水战、疾疫流行，后方不稳的弱点，以火攻大破曹兵于赤壁。曹操兵败北逃，从而奠定了曹、孙、刘三足鼎立的局面。

·赤壁古战场·

赤壁之战究竟在何处发生？历来说法不一。大致算来，有汉川、汉阳、黄岗、武昌、蒲圻〔qí〕赤壁诸说。起源于南北朝的，是汉阳之说；流行于隋唐的，是汉川之说；因北宋苏轼谪〔zhé〕居黄州作《赤壁赋》和《赤壁怀古》而流传的，是黄岗之说，其与《三国志》记载位置明显不符，多数学者早已不再采用。而今，人们仍争执不下的，主要是武昌赤壁、蒲圻赤壁二说。

·武昌赤壁说·

起源于南北朝，认为位于长江南岸的今武昌县赤矶山。南朝宋盛弘《荆州记》、北魏郦〔Lì〕道元《水经注》、南宋赵彦卫《云麓漫钞》以及《舆地纪胜》、《读史方舆纪要》，还有而今的《辞海》和《中国历史地图集》，均持这种观点。可见，武昌赤壁说的影响是深远而广泛的。

·浦圻赤壁说·

但不少学者并不赞同上述说法，认为

武昌赤壁并非就是当年的战场。理由是，《三国志》明确指出：曹军与孙、刘联军会战于赤壁，初战失利，曹操引兵驻江北乌林，周瑜、刘备驻江南赤壁，两军南北对峙。赤壁之战的乌林，即今湖北洪湖县东龙口的乌林矶，距今武昌县赤矶山二百余里。按武昌赤壁说，则两军相距二百余里，周瑜、刘备根本无法及时了解曹军情况，难于把握战机和采取突袭。相距这么远，木船要走好几天，才能由武昌县的赤壁到达乌林。在这种情况下，孙刘联军沿江要行驶几日，岂不暴露了目标？黄盖的诈降又岂能成功？要等待风势发动火攻，岂不是要贻误战机？因而，武昌赤壁说不能成立。这些学者认为，依据《三国志》所描述的双方攻防退守的运动轨迹，以历史、地理方面的有关文献记载，以及大量出土文物和古迹相印证，认为今蒲圻县的赤壁山，位于县城西北百余里，恰好与洪湖县东龙口的乌林矶南北相对。这与《三国志》中的赤壁与乌林的位置，大体上也是吻合的。这里，正是赤壁之战"折戟沉沙"的古战场。

彝陵之战是不是以少胜多的战例?
YILINGZHIZHANSHIBUSHIYISHAOSHENGDUODEZHANLI

ZHONGGUOLISHIWENHUAWEIJIEZHIMI

222年,刘备为荆州之失,又急于为关羽报仇,发动了彝陵之战。吴国大将陆逊先是坚守不出,直待蜀军疲惫,遂利用火攻战术,大破蜀军四十多座营寨;刘备尽失舟船器械,狼狈逃至白帝城,并于次年病死在那里。彝陵之战,亦称猇亭之战,历来被认为是历史上以少胜多的有名战例。时至今日,学术界对此仍有不同的看法。

·彝陵之战并非以少胜多?·

理由是,这一仗,吴方出动的兵力是6万:主力5万,由陆逊节制;偏师1万,由步骘率领。而经吕蒙偷袭关羽,"荆州复败,大臣失节,百无一还",说明刘备在荆州的兵力全部丧失了。这样,彝陵之战中,刘备所动用的兵力只有益州的4万左右。两相比较,还是吴国陆逊的兵力稍多些。总之,绝不会蜀兵比吴兵多。

>>> · "彝陵之战" 确系以少胜多? ·

　　理由是：（1）在彝陵之战中，蜀汉投入的全部兵力有五十余营，遭受损失的则有四十余营，即损失兵力占全军的4/5。（2）据《刘晔传》注引《傅子》说，陆逊歼灭蜀军8万人，推算起来，估计蜀军参战的大约是10万人左右。（3）《文帝纪》注引《魏书》说，刘备有4万人出秭归，这是说蜀军布置在前线的主力有4万人，而非蜀军东征的全部兵力。总的算起来，去掉关羽的荆州守军不计，蜀汉的全部兵力可达16万以上。刘备为夺回荆州，报关羽之仇，盛怒之下率师东征，出动10万之众，当然是完全可能的。从这些情况来看，彝陵之战，的确是东吴以少胜多的战役。

>>> ·审时度势·

　　还有人认为，如果是东吴在兵力上占优势的话，那么，陆逊有什么必要老是要坚守不出呢？合理的解释是，正因为蜀军兵力强盛，来势汹汹，陆逊审时度势，一开始就采取了坚守不出的守势，有意避开蜀军的锋芒，想的是把他们拖疲拖垮。战事的发展，果然也是这样的。可见，在彝陵之战中，东吴以少胜多的确不虚。

秦朝为什么会二世而亡？

QINCHAOWEISHENMEHUIERSHIERWANG

ZHONGGUOLISHIWENHUAWEIJIEZHIMI

　　公元前221年，秦一统天下。雄心勃勃的秦王嬴政，自号"始皇帝"，后世则以计数，希望传之无穷。然而，历史却与他开了个大玩笑，帝位只传到二世，王朝维持了短短的15年便坍塌了。秦朝速亡的原因究竟是什么呢？

·违背了经济规律·

　　有人认为，秦始皇完成统一大业后，没有顺应历史的潮流，利用新生的封建政权，为生产力的发展开辟道路。而是忘乎所以，横征暴敛，滥兴徭役，干出了一系列违背经济规

律的蠢事，使社会经济遭到了严重破坏，这是秦速亡的根本原因所在。主要表现在：（1）据有的研究者推算，当时全国约有600万农业劳动者，按照那时的农业生产水平，正常年景下提供的剩余粮食，最多只能供200万人食用，但秦始皇为了修驰道、造宫室、筑长城、开山造墓，连年动用大量的劳役，仅造骊山墓和阿房宫两项就超过150万人，加上别的工程和庞大的军队，需要靠农民供养的人口在300万人以上，造成了"男子力耕，不足粮饷"，整个社会无力承受这种沉重的负担。（2）从战国起，商品经济活跃起来了，这是社会生产力发展的必然结果。秦始皇统一中国后，不仅没有因势利导，促进这种发展，而是推行了所谓"上农除末"的政策，严厉打击工商，许多商人被当作罪犯而充军。这就堵塞了生产力发展的道路，加剧了社会的动荡不安。（3）在封建社会里，土地兼并的社会问题是不可避免的，但作为地主阶级的国家政权，为了自身的政治和经济利益，一般总是想方设法，去延缓兼并的速度，减轻兼并的程度。但秦始皇却反其道而行之，他颁布了一项法令，"令黔首自实田"，实际上承认了地主用各种手段兼并而来的土地，迫使大批农民纷纷破产。

不过，有人也强调，秦始皇在统一中国后，虽犯有"急徭重赋、大兴土木"的错误，但有些工程还是必要的，如开渠、修道、筑长城，对巩固统一的多民族国家和发展社会生产力，是有积极意义。何况，在秦始皇任内，全国也没有爆发过大规模的农民起义。所以，对秦始皇不必过于苛刻。比较起来，秦二世更加无能和可恶。

·统治集团内部的相互残杀·

一种意见认为，秦始皇虽然根据"以刑去刑"的法家教条，对内实行严厉的政治压迫，但他并不像以后有些开国君主那样杀戮功臣，所以"上层"还是比较稳固的。当他的宝贝儿子胡亥上台后，却开了杀戮功臣宿将之戒，加上旧六国贵族的激烈反抗，造成秦朝的的速亡。这是因为，秦二世是靠与赵高、李斯合伙搞阴谋而上台的，为了巩固自己的皇位，先是杀了公子扶苏，诛连了大将军蒙恬兄弟，公子12人和10个公主也无一幸免。继而，进谏犯颜的右承相冯去疾、将军冯劫被逼自杀，李斯不久也被"夷三族"。最后，赵高逼迫二世自杀，而子婴又杀死赵高。这一场政治集团内部的狂斗，使秦朝内部处于众叛亲离、分崩离析的境地，严重削弱了它的统治力量。

另一种意见则认为，秦速亡的主要原因还在秦始皇身上，"天下苦秦久矣"，秦二世的许多政策措施，还是秦始皇的那一套。统治集团内部的相互残杀，在历史上屡见不鲜，并非是导致速亡的根本原因。

·北击匈奴是一大失策·

有人认为，秦始皇统一中国后，在既无军事优势，又无财力支撑，更兼人心不顺的情况下，急于兴师动众北击匈奴，是导致秦朝暴亡的一个极重要的原因。这是因为：（1）大规模的战争妨碍了统治政策重心的转移。与匈奴交战后，一下子动员了30万兵力，还征用数十万民夫修筑延绵5000里的长城，投入了巨大的财力，欲罢不能，丧失了巩固政权、发展经济的大好时机。（2）大量徭役征发，破坏了社会生产。为了防备匈奴卷土重来，秦朝先后动用了一百多万丁壮，离开了生产第一线，伤亡又很严重。（3）滥用严刑酷法，激化了社会矛盾。为了维持对匈奴的战争，靠正常的徭役征发已无法保证，秦朝以暴虐手段，人为地制造了无数刑徒，把他们送往前线，从而激起了人民的反抗。

另一种意见却认为，北方匈奴经常侵扰内地，危害边境地区人民的生命财产，秦始皇对匈奴用兵，这是正义之举。对安定社会、发展生产、加强少数民族聚居地区的治理有好处，符合历史发展的要求和各族人民的共同愿望。可见，秦朝二世而亡，应该另寻原因。

王安石变法为什么会失败?
WANGANSHIBIANFAWEISHENMEHUISHIBAI

王安石变法，是北宋一次政治改革，变法始于1069年，1085年新法被废。这次影响深远的变法何以最终失败呢? 学术界历来有很多的争论。

·脱离人民、与人民相对立·

有人认为，王安石变法失败由各种因素导致的，但决定因素是脱离人民群众。变法派只在很有限的范围内改革，不可能使变法改革更为适应经济发展的要求和劳动人民的意愿。每遭到兼并势力的反对，他们又赶快向它靠拢一步，而他们每向兼并势力靠拢一步，就愈失去了人民的支持。这样一个缺乏坚实社会基础的从上而下的改革，力量是微弱的，经不住历史的考验。此外，宋神宗、王安石毕竟是地主阶级国家的政治代表，仍把防止和镇压农民的反抗作为变法的目的之一，而同广大人民处于相敌对的地位，这就又决定了变法失败的命运。

·根源在于变法势力的内部?·

有人认为，变法失败要从变法势力内部找原因。如下: (1)变法的内在弱点，是新法蜕变的潜在因素。新经济法令的中心，是"摧抑兼并，均济贫乏"，但老百姓对国家的税息负担仍有增无减。 (2)官僚政治的弊病，是新法的最大腐蚀剂。王安石虽严守节操，可更多的人热衷于钱财权势，争权逐利以及倾轧攻讦。 (3)皇权的支持有限，是新法蜕变的重要原因。变法须有宋神宗的支持，怎样变法要看宋神宗的脸色，这就使变法难免总有尴尬的时候。 (4)蜕化变质，是变法的必然归宿。缺乏足以不断推动变法前进的强大力量，这表明北宋地主阶级已丧失自救的能力和资格，王安石变法悲剧自然也在所难免了。

·关键在于顽固势力反对?·

有人认为，变法失败的原因固然很多，但迅速膨胀的大地主顽固势力沆瀣一气，联合

反对新法，应是决定新法最终失败的更为深刻、更为直接、更为重要的原因。

·皇帝态度不坚定·

有人认为，一方面，王安石的一系列新法，虽大多寓有制裁豪强、兼并大地主阶层的用意在内，实际上只想一定程度遏制他们的恶性发展，没有打算从根本上动摇他们的政治经济实力。当到政治形势逆转之日，他们就气势汹汹地卷土重来了。另一方面，宋神宗有意要把守旧派的部分势力保存在北宋朝廷之中，不肯认真对守旧派的势力给以沉重打击。这就留下了隐患，一俟宋神宗死后，守旧派一拥而上，变法派最终也扛不住了。

·措施没有切中时弊·

还有人认为，变法的缺陷表现在：（1）在商品经济发展的北宋，推行"市易法"，企图用官府垄断经营取代富商的垄断，同时也限制商业活动的发展，显然违背历史潮流。（2）"保甲法"中的"寓兵于农"，以保甲取代募兵的计划，更是企图开历史的倒车。北宋"积贫"、"积弱"局面的形成，虽有冗兵、冗官、冗费的问题，但从根本上说是在于专制皇权的过度膨胀。变法派自然是解决不了这一问题的，从而决定了它最终失败的历史命运。

·多种原因造成的·

有人认为，变法失败的原因有：（1）王安石过于自信，不顾议论。（2）保守派不愿变法，造成党争，大加反对。（3）王安石引用新进，小人夤缘〔yínyuán〕而入，反害新政。（4）新法的推行，缺乏全盘计划，未能先分区试验。不因地制宜，搞"一刀切"，显然是失策。（5）在理财问题上，但他只重开源，不重节流，又多扰民，遂为反对者的口实。

隋炀帝开运河的目的和意义
SUIYANGDIKAIYUNHEDEMUDIHEYIYI

在中国历史上，仅仅二世而亡的王朝，先后有两个：一个是秦朝，一个是隋朝。汉魏以来的三百多年，中国始终处在分裂之中，好不容易盼来了隋朝的大统一，可它仅仅维持了37年。隋炀帝历来没有好名声，大多数人认定他是荒淫无道的暴君。就连开凿京杭大运河一事，人们同样也有褒贬不一的看法。

>> · 为什么要开运河？ ·

有人认为，隋炀帝劳师动众开运河，主要是"出于君主游幸之私意"。他担任过扬州总管多年，对江南风光特别留恋，他说过"我梦江都好"，连做梦也没有忘记去江南游乐。为了能经常玩赏江南的风光，显示自己至高无上的权力，这才有了开运河之举。依据是：整个运河工程，完全是严格按照供御用游幸的要求进行的。如开通济渠这一段，规定水面开阔可通龙舟，两岸为御道，"自长安至江都，置离宫四十余所"，妃嫔、内侍、宫使、禁卫一应俱全。运河刚刚完工，这位暴君就迫不及待地"三游江都"。

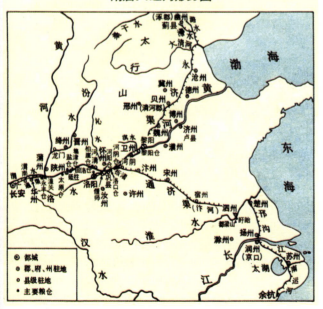

隋唐大运河形势图

有人则认为，开运河并不是隋炀帝游兴大发的产物，而是出于隋朝政治、经济形势发展的需要。主要目的是加强南北联系，便利漕运，充实财政。理由是：到了隋代，经过三国、两晋、南北朝的不断开发，经济重心逐步南移，但面临的主要外患仍在北方，可政治中心不能随之移动。这样，加强二者之间的联系就显得十分紧迫和必要。隋代是继分裂了三百余年以后建立起来的统一王朝，但江南形势一直没有安定，举众反隋的现象还不时发生。巩固全国统一，是摆在隋代君臣面前的一个艰巨任务。为了控制南方的局面，开通运河就成了不可少的工程。

·开运河是不是苛政？·

有人认为，发起如此浩大的工程，隋炀帝不同大臣详加计议，专行独断，急徭重役，迫使许多农民离开田地，不少人遭折磨而死。所以，开运河是严重危害社会和人民的虐政。

有人则认为，隋代运河并非炀帝一朝所开，他不过是在前人的基础上做些疏通修理工作，为隋代的经济力量所能够承担。开运河确实给广大农民带来的负担，但隋炀帝还是尽了应有的努力，比较注意节省人力和物力的。

·大运河有什么作用？·

有人认为，隋炀帝开运河，主要没有用于运输交通，而是供统治者享乐的，它以人民的破产为代价，不是人民的福音。隋炀帝"游江都"，动辄后宫、诸王、百官、僧道数千人同行，几十万人的队伍夹岸护送，所经州县 500 里内皆令献食，致使沿途"耕稼失时，田畴多荒"。

有人认为，大运河是贯通南北的大动脉，开凿它确实付出了巨大代价，但对于繁荣经济和巩固统一，发挥了不可低估的积极作用，促进了南北方经济文化的联系与交流，从而也促进了隋代经济的发展和繁荣。

唐朝经济繁荣的原因何在？
TANGCHAOJINGJIFANRONGDEYUANYINHEZAI

ZHONGGUOLISHIWENHUAWEIJIEZHIMI

唐朝是中国封建社会鼎盛时代，社会经济的空前繁荣，促进了社会各个方面的高度发展。唐朝经济何以空前繁荣呢？史学界历来有不同意见。

>>> • "轻徭薄赋" •

唐朝的经济繁荣，是封建统治者实行"让步政策"的结果。理由是：经过隋末农民大起义，唐初统治者不得不对农民退让，实行一定程度的"让步政策"。这样就暂时减弱了封建生产关系对生产力的束缚，从而有利于社会经济的恢复和发展。特别是唐太宗君臣以"隋亡为戒"，主张"轻徭薄赋"，对唐初经济繁荣起了积极的作用。

唐朝经济发展和繁荣，取决于隋末农民大起义和新形成的中国各民族大融合这两个历史条件。理由是：（1）隋末农民大起义造成的生产关系的新变动，提供了社会生产力重新发展的有利条件。尽管封建的土地所有制变动不多，但农民多少总获得了一些土地，享受到农民战争后所带来的一些利益，从而提高了劳动的积极性，推动了农业生产的发展。（2）长期民族矛盾、长期南北分裂的状况，在隋朝统一的基础上，又经唐朝多方面的努力，达到各民族空前的大融合、大团结。这些历史条件的出现，有利于唐代经济的发展和繁荣。

战后农民自身创造了财富，在隋末农民战争结束之后，广大人民重新回到生产领域，以自身的劳动创造了社会的物质财富，这才是造成唐朝经济繁荣的根本原因。理由是：唐初，阶级对抗已大致结束，土地关系的矛盾也大大缓和，国家实现了统一，绝大多数农民、手工业者拥护唐朝，希望在安定的局面下从事生产，进而改变自己的生产地位。所以，他们"勤于耕稼"、"精于制作"，从而促成了唐朝"盛世"的来临。从这个意义上说，恰好验证了这样一个真理："人民，只有人民，才是创造历史的真正动力。"

著名的《唐六典》正式施行过吗？
ZHUMINGDETANGLIUDIANZHENGSHISHIXINGGUOMA

据历史典籍记载，唐玄宗即位后，御撰《唐六典》，由李林辅敕〔chi〕注。《唐六典》是一部规定唐代从中央到地方官吏编制的行政法典。它规定了唐代的国家机构、编制、职责、人员、品位、待遇等。

·《唐六典》分为30卷·

据《直斋书录解题》引用唐代韦述《集贤记》注："开元十年，起居舍人陆坚被旨修是书，帝手写白麻纸六条曰：理、教、礼、政、刑、事。令以类相从，撰录以进。张说以其事委保坚，思之经岁莫能定。又委毋〔jiǒng〕、徐钦、韦述，始以令式入六司，其沿革并入注中。后张九龄又委苑咸，二十六年奏草上。"在《大唐新语》和《唐令要》也都有类似记载。根据这些典籍记载，《唐六典》是臣下根据唐玄宗旨意编写的。唐玄宗的意图是按《周官》的模式，分为理、教、礼、政、刑、事六典。从唐代国家机关体系的实际出发进行编纂。从开元十年开始，到开元二十年截止，前后历经16年。《唐六典》分为30卷，其篇目为：三师、三公、尚书省；吏部，户部，礼部，兵部，刑部，工部；门下省，中书省，秘书省，殿中省，内官侍中省；御史台，太常寺，光禄寺，卫尉寺，宗正寺，太仆寺，大理寺，鸿胪〔lú〕寺，司农寺，太府寺；国子监，少府监，军器监，铸钱监等、将作监、都水监等；左右卫，左右骁卫，左右武卫，左右领军卫，左右金吾卫，左右监门，左右千牛卫，左右御林军；太子三师、三少，太子詹事府，左右春坊内房内官，太子家令，率更寺等；太子左右卫诸率府，诸王府公主邑司，府、督护州。关于《唐六典》确有其书，有明正德年间刻本《唐六典》为据。

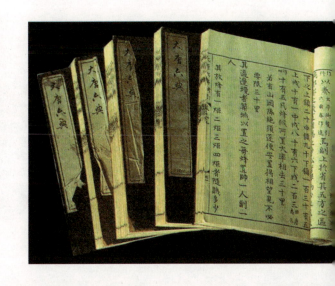

《唐六典》是否颁布实施了？历史上一直有争议，概括起来有三种说法：第一种是"否定说"。持这种观点的人认为，六典虽成书，但没有正式颁布实施过。依据是，当时参与修典人之一的韦述留下《集贤记》，该书记载："二十六年奏草上，迄今在直院，亦不行用。"另据《吕温集》一书记载，唐宪宗元初，六典未有明诏施行。宋朝的范祖禹在著书中认为，"唐六典虽修成书，然未尝行之一日"。

第二种是"肯定说"。持这种观点者认为，唐六典已颁布实施。理由是历史典籍曾记载，唐德宗建中二年卢杞奏事引用六典；唐宪宗元和时期刘肃撰《大唐新语》时称六典"迄今行之"。

第三种观点是"折衷说"。由于史学家对于《唐六典》是否经御批正式颁行素有争议，故清朝编纂《四库全书总目提要》时则采取折衷方式，既承认韦述、吕温书中所说的六典未经朝廷批准颁布施行过，而又说六典并非全未实行，否则当时的大臣们讨论典章时，就不可能引用"六典"了。由此可见，《唐六典》是否能算作为历史上的正式的行政法典，还是个谜！

"玄武门之变"到底是谁酿成的?

XUANWUMENZHIBIANDAODISHISHUINIANGCHENGDE

626年7月,李世民伏兵于长安宫城玄武门,杀了长兄李建成和四弟李元吉,史称"玄武门之变"。对这场血腥的宫廷悲剧,人们各有自己不同的看法。

·事变由谁酿成?·

有人认为,事变虽说是李世民策动的,却是由李建成酿成的,他最终自食了苦果。李建成所担心的是,声名日盛的李世民威胁自己的太子地位,多次欲置他于死地。他还通过妃嫔向高祖打小报告,无中生有,中伤李世民。就在事变发生的前几天,他乘北征突厥的机会,图谋把秦王府的精兵弄到手,转而再杀掉李世民。李世民忍无可忍,决定先发制人,事变于是发生了。

另一种意见则认为,事变作为争夺皇位的互相残杀,起因主要在李世民一边。早在平定王世充之时,李世民与拜访了一位名叫远知的道士,远知希望他将来成为天子。他听后很得意,取代李建成当太子的念头越来越浓。玄武门之变,自然就是这种念头的必然结果。

·李渊倾向哪个儿子?·

在李建成、李世民兄弟长期明争暗斗过程中,作为父亲的高祖李渊到底倾向于哪一方呢?

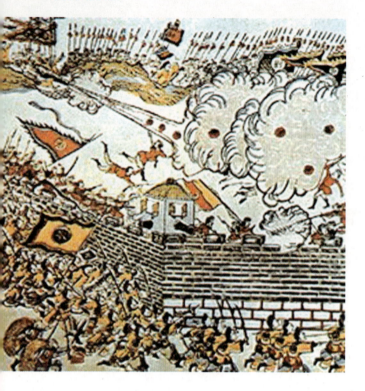

一种意见认为，李渊处处偏袒李世民，放手让他与李建成争个高低，以取而代之。有的大臣眼看李世民的权力日重，威胁到太子的地位时，建议趁早将他打发出去。李渊不仅没有采纳，反而给予李世民更大的权力，提升他为"天策上将"，位在王公之上，还增邑二万户，准许他"开馆于宫西，延四方文学之士"，促成他积聚起更强的势力。当事变发生后，李渊正"泛舟海池"，他还说："此吾之夙心也。"

另一种意见却认为，那些说李渊倾向于李世民的记载，大多出于贞观史臣们的虚构。其实，李渊一直是站在李建成一边的。作为一位封建时代的帝王，"立嫡以长"的观念，在他身上从来也没有动摇过。

还有一种意见认为，鉴于隋朝废立太子而引起骨肉相残的教训，李渊面对儿子们争权夺利的斗争，往往采取不偏不倚、摆摆平的做法。如杨文干兵叛一事，牵涉到李建成，李渊一边许诺李世民为太子，一边又要封李建成为蜀王。当夺嫡斗争愈演愈烈之时，李渊打算把李世民封往富庶的洛阳，只是在遭到李建成、李元吉反对后暂且作罢了。

"澶渊之盟"对宋朝是一种耻辱吗？
CHANYUANZHIMENGDUISONGCHAOSHIYIZHONGCHIRUMA

1004 年，辽国萧太后于辽圣宗统军大举攻宋。宋真宗在宰相寇准的支持下，勉强亲赴澶〔Chán〕州（今河南濮〔pú〕阳）督战。双方相持日久，次年初达成和约：由宋每年输辽岁币银 10 万两，绢 20 万匹。史称"澶渊之盟"。

·屈辱的"澶渊之盟"·

有人说，澶渊之盟，对双方的经济、文化交流，自然是件好事。可是，对宋朝来说，这不是一个体面的盟约。因为，宋朝在有力量打败辽朝的情况下，签订了一个屈辱的"澶渊之盟"。促使宋朝订约的原因是：（1）当时西夏尚未归命，宋真宗害怕辽和西夏结盟，急于结束战争，免得陷于泥淖而不能自拔。（2）各地兵变和起义层出不穷，宋真宗惴惴不安，担心农民乘宋辽战事再度起义，危及大宋江山。从这个角度考虑，他也希望早日结束战事。（3）早先太祖、太宗两朝未能从辽讨得便宜，宋真宗自己更不

敢轻举妄动。在朝中，除了寇准外，主战者仅有高琼、杨亿数人而已，澶渊之盟的屈辱结局，自然也就情无可道了。

有人还认为，在澶州城下，宋军并没有吃败仗，结果每年要白白给辽国银 10 万两，绢 20 万匹，这样的"岁币"，无异于"贡品"。对宋朝来说，这不是屈辱又能是什么呢？事实上，像辽、西夏，还有后来的金，无一不是"欲壑难填"，宋朝每每是缔约，每每是退让，每每是屈辱，可换来的是更大的退让和屈辱。

寇准

有人提出了不同的看法。他们认为，"澶渊之盟"不是偶然的社会现象，而是特定历史条件下的产物。从澶渊和议到庆历和议、绍兴和议、隆兴和议、嘉定和议，它们表明宋代以汉族为主体的中原王朝同以少数民族为主体的边疆政权之间，在使用战争手段不能达到征服对方的前提下，只能采取和议来约束双方行动，以维持共处关系的一种有效途径。"澶渊之盟"沟通了宋、辽双方的政治、经济和文化的交流，密切了各族人民之间的友好往来。从总体上看，它对当时的社会发展起了积极的作用，是应该予以肯定的。要是北宋同辽朝没有达成和议，交战不已，干戈不息。那么，契丹的社会经济便不可能出现这种兴旺的景象，北方各地各族人民的生活也不会得到安宁。

有人还认为，军事手段，是早期民族融合的一种有效的手段，符合历史发展的要求。具体到宋辽之间，可以说辽一方是有所要挟的，但没有必要过分强调宋一方怎么屈辱。

明朝中叶的倭患何以猖獗?
MINGCHAOZHONGYEDEWOHUANHEYICHANGJUE

　　14世纪初以来,一些日本武士、浪人到明朝沿海一带走私抢掠,历史上称之为"倭〔Wō〕患"。那么,究竟是什么原因造成沿海的严重"倭患"呢?

·明朝的"海禁"政策·

　　"倭患"猖獗的原因,在于明朝反动的"海禁"政策。理由是:(1)"不许下海"的禁令,不啻置沿海人民于死地,使沿海人民无法谋生,沿海商民无由致富。他们于无可奈何之际,装扮成"倭人"模样起来反抗。(2)明代已出现了资本主义萌芽,这与沿海及海外贸易的开展是互相促进的。可明代海禁政策,窒息了资本主义生产方式的生长,必然同沿海商民、百姓的谋生及发展海贸的要求产生矛盾。"倭患"就是这种矛盾的激烈表现,也是对海禁的一种严厉惩罚。

·以日本的支持为主·

　　持这种观点的人认为,从元初至明末,倭变产生之原因,既有元、明朝政治、军事方面的因素,又有流民、奸民、势家贵族为了生活和贪图财利而与倭寇勾结的情况,但最主要、最根本之原因,乃是日本封建割据势力对倭寇的支持。

·政治经济矛盾·

　　持这种观点的人认为,倭患的发生,是由日明双方深刻的政治经济矛盾所引起的。这可从日明双方的情况得到说明:(1)从日本方面来看,15世纪70

年代以来，日本战乱不已。于是，破产的农民、失意的官员、失业的流民、战败的武士、无业的浪人、贪利的奸商、掠劫为生的海盗，在各地领主支持下，向海外谋求出路，从而出现了倭患的猖獗。（2）从明朝方面看，中央政权黑暗腐败，吏治昏暗，国家"海防无备"，对外政策处置不当，这是造成了倭患猖獗的另一个原因。

>>> ·海盗相互勾结·

　　持这种观点的人认为，倭患严重的关键因素，是中国海盗与日本海盗的勾结。理由是：假如没有内奸的助纣为虐，倭寇就只能在沿海临时劫掠，而不可能长久停留，声势不可能那么浩大，危害也不可能那么严重。

荥阳大会是否纯属子虚乌有?
XINGYANGDAHUISHIFOUCHUNSHUZIXUWUYOU

ZHONGGUOLISHIWENHUAWEIJIEZHIMI

据说，1635年，有13家72营首领参加的荥阳大会，确定了各路农民起义军联合作战的方针，这是中国农民战争史上的一个创举。但翻开史书一看，关于荥阳大会，仅见于吴伟业的《绥寇纪略》，这是一个难立的孤证。

❯❯❯ ·原始记载"荥阳大会"·

《绥寇纪略》上说，1635年，"贼侦知，合七十二营头目马守应、闯王、革里眼、左金王、曹操、改世王、射塌天、八大王、横天王、混十万、过天星、九条龙、顺天王等十三家会荥阳，议逆官军……壬子，杀牛马祭天誓师，赐诸贼饮铺、布置已定"。这是肯定荥阳大会的最原始的记载。此外，查继佐的《罪惟录》、冯甦〔sū〕的《见闻随笔》、李天恨的《爝〔jué〕火录》、陈鹤的《明纪》、夏燮〔xiè〕的《明通鉴》、徐鼒的《小腆纪年附考》和官修的《明史》，这些官私史书有关荥阳大会的记载，也是依据《绥寇纪略》的。据说，在荥阳大会上，诸家首领发生争论，马守应欲渡黄河挺进山西，张献忠认为这是临阵脱逃，是怯懦。双方处于剑拔弩张的状态，内讧一触即发。正在这关键时刻，时称闯将的李自成挺身而出，力排众议说："匹夫可奋臂，况十万众乎!"提出了"分兵定所向"的战略方针，博得了与会者的赞赏。于是，13家72营的首领们便按照李自成的意见，兵分五路，以高迎祥、李自成和张献忠为首的

农民起义军一举南下，攻克明中都凤阳，焚毁明皇陵，取得了重大胜利。

·荥阳大会根本不存在？·

与《绥寇纪略》同时代的一些史书，如谈迁的《国榷》、彭孙贻的《平寇志》、戴笠的《怀陵流寇始终录》、张岱的《石匮书后集》、计六奇的《明季北略》、郑廉的《豫变纪略》等相关的地方志书，不曾记载这次荥阳大会。

另外，《绥寇纪略》所记参加荥阳大会的13家首领有可疑之处。按《怀陵流寇始终录》诸书所记，荥阳大会后，东攻凤阳、焚毁皇陵的农民军首领，是扫地王和太平王。可这二人并不在13家之列，这很难说得通。

再者，荥阳大会召开之时，李自成在陕西，而不在河南；13家首领这时也大多分散于各地作战，不在河南，更谈不上参加荥阳大会了。攻克凤阳的起义军首领，是扫地王和太平王，而不是高迎祥、李自成和张献忠。作为荥阳大会主角之一的李自成，既未参加荥阳大会，又未率军攻破凤阳。那么，《绥寇纪略》所说，李自成在会上排解了马守应和张献忠之争，提出分兵定向的战略，显然是不可能的。

还有人认为，按《绥寇纪略》所记，荥阳大会召开的时间是崇祯八年正月初一，这是所有史家所不能同意的，就连采用它的《明史》，后来也只说是"正月"，而不说具体日期。有人考证，"荥阳大会"的召开，应是崇祯八年元旦之后数日。

尽管不少学者否认荥阳大会的存在，但这样的疑问是值得学界重视的：吴伟业为什么会凭空臆造个荥阳大会来？治史态度严谨的《明史》作者，又为什么偏偏取材于《绥寇纪略》？

清初《南山集》血案之谜
QINGCHUNANSHANJIXUEANZHIMI

ZHONGGUOLISHIWENHUAWEIJIEZHIMI

明末清初安徽桐城有一位著名学者，名叫戴名世。他准备撰写一部明史，平时非常留心收集明代的史实。为此，到处访问明朝遗老，采集明末的奇闻轶事。后因生计所迫，戴名世便给财主家当私塾先生，并抽空深钻四书五经，准备赴京科考。他的学生尤云鄂便把先生平日所写的文章汇集成册，题名为《南山集》。书中内容大多涉及明朝故国之事，此书很快流传于民间，并有一定影响。

·《南山集》案累及几百人·

公元 1709 年（康熙四十八年）戴名世已 57 岁，科考高中为第一名进士，殿试为一甲第二名（第一名状元、第二名榜眼），随即被任以翰林院编修之职。在其考中榜眼之前，《南山集》一书早已在民间流传，官府无人说它不好，但当戴名世高中榜眼得官之后的第三年，也就是康熙五十年，左都御史赵申乔上奏康熙皇帝，参劾戴名世，说他"恃才放荡，中举前为谋生，私刻文集，其中多有是非颠倒狂悖不经的言论。如今他身沐皇恩，入于词臣之列，尚不追悔前非，焚销书板，实在罪该万死，希望万岁下旨严加议处，借以儆戒此等狂妄不谨之徒"。康熙批阅此奏章后，责成刑部严考此案。刑部先捉拿戴名世，使用严刑拷打，老人经受不住，只得招供说《南山集》是他学生尤云鄂出资刻印的，汪灝〔hào〕、方苞、

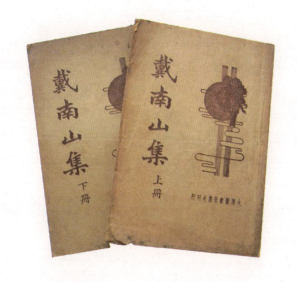

方正玉、朱书、王源写序，还供出他曾写信给余湛，并提到方孝标的《滇黔纪闻》，想通过这本书考证明末历史的一些素材。此时，方孝标已故，其子方登峰自幼过继给方兆及为子。刑部把方登峰捉来拷问，方登峰又供出侄儿方世樵，刑部又把方世樵捉来拷问，方世樵供说《滇黔纪闻》是祖父在世时作的《钝斋文选》中的一部分。刑部又转过来拷问作序的方苞、方正玉和出钱刻书的尤云鄂。《南山集》案，牵连进去的人越来越多。鉴于此，康熙开恩对罪犯减轻处分，即使这样，受牵连而定罪的仍有几百人之多。戴名世被斩首，其弟免死，祖父一系的子孙兄弟、伯叔父之子均免死。将已故的方孝标尸体碎段，财产抄没，其子方登峰、方云旅和孙子方世樵免死偕妻充军黑龙江。方家除已嫁出的女儿外，一律入旗为奴。汪灏、方苞免死入旗为奴，方正玉、尤云鄂因有自首情节，减免处分。

»» ·大开杀戒·

《南山集》案，从现象上看是反清复明案，但是发案时清朝已入主中原半个多世纪了，清政权早已得到巩固。在这种情况下，即使从明朝过来的业已垂垂老矣的文人们，在他们的旧作中流露出一点对故国的怀思也是无关大局的。那么清朝康熙皇帝为什么在一部《南山集》上大开杀戒呢？有人说，这是清王朝惯用的手法，在平静之时，每隔几年抓一起大要案，株连一批、杀一批，使其臣子们始终不放松巩固清朝政权的这根弦。有人说，清皇帝是马上民族，讲刀枪剑戟，中原人比不过他们；但讲文采，他们又比不过了，因此，他们最担心汉族的文人造反，因此，大兴文字狱，把死老虎当做真老虎来打，用高压手段控制社会舆论，不准读书人有一丝一毫的越轨思想，只能循规蹈矩地当封建帝王的顺民。

清初试题 "维民所止" 案之谜

QINGCHUSHITIWEIMINSUOZHIANZHIMI

1726 年（雍正四年），内阁学士、礼部侍郎查〔zhā〕嗣〔si〕庭被任命为江西正考官，出试题时，他把《诗经》中的典故"维民所止"作为试题，让生员们作八股文章进行科考。当时正是清王朝大兴文字狱之时，有些文人谨小慎微，惟恐难以预测的灾祸落到自己头上，还有些文人专门踏着别人肩头往上爬，不管别人死活。于是便有了所谓"维民所止"案。

>>> · "维民所止" 是影射吗 ·

"维民所止"出自中国最早的诗歌总集《诗经》，对于熟读四书五经的封建社会的学者生员们来说并不陌生。

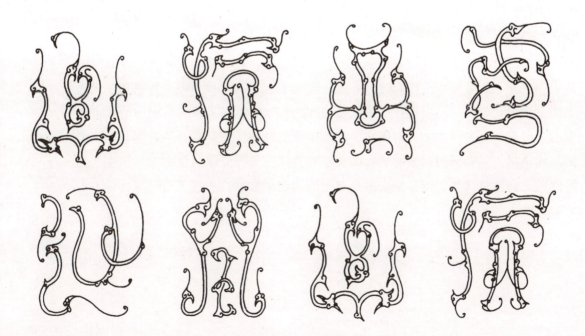

这个"维民所止"的试题，就是被后面说的这类文人添油加醋参劾〔hé〕到雍正皇帝那里去了。硬说试题中的"维"、"止"二字就是"雍正"二字去头，是含沙射影要把皇帝的头砍掉。雍正接到此奏疏后，初步定为悖逆犯上，立即令刑部对查嗣庭割职查办。搜查查嗣庭的寓所，结果查出两本日记，从日记的字里行间挑毛病，而后小题大做。查嗣庭在日记中认为康熙年间的戴名世案纯属文字狱，他还认为在热河发生水灾时淹死官员八百余，朝廷保密没有声张。就此两则认识问题便作为查嗣庭悖逆犯上的实证，进而证明他出的"维民所止"试题是居心不良。

雍正便立即下一道上谕硬说查嗣庭所出的试题实属心怀积怨，讥刺时事。料定查犯平时必有记载，果真在其日记中有所发现。又说，查嗣庭受朕格外擢用，反而逆天负恩，讥刺诅咒，大干法纪……此案就这样定性了，查嗣庭在狱中实感冤屈，忧郁成病，含冤而死。雍正听说查嗣庭死了，又下令戮尸，杀其子，并将查嗣庭的其他家属发配到边疆充当官奴。

≫ ·文字狱·

许多历史学家认为查嗣庭试题之狱，实属强词夺理的文字狱。因为"维民所止"四字并不是考官自己杜撰的，而是出自《诗经》，在人民中间，特别是在文人中间已流传几千年了，出这样一个试题何罪之有？但也有人认为，中国的文字是象形字，历史上常有些文人利用文字游戏来影射时弊。查嗣庭对清王朝存在一定的不满情绪，有意识的以影射皇权的文字作为试题来抒发郁闷在胸中不平也是有可能的。即使是这样，雍正皇帝对文字上的问题采取戮尸、杀子等刑罚也是不得人心的。

义和团运动算不算是一场革命?
YIHETUANYUNDONGSUANBUSUANSHIYICHANGGEMING

1898到1900年，一些破产的农民和城乡居民，以参加"拳坛"组织起来，发动了一场杀洋人、毁教堂的反帝运动。这就是近代史上有名的义和团运动。可义和团运动算不算是一场革命？在学术界历来就有不同的看法。

》 ·一场革命说·

义和团运动既然是帝国主义与中华民族矛盾尖锐化的产物，是中国人民的反帝爱国运动，而帝国主义与中华民族的矛盾又是近代中国社会的主要矛盾，那么，义和团运动理所当然就是一场革命运动，是近代中国的第二次革命高潮。有人认为，可不把义和团运动单独算为一次革命高潮，时间再拉长一些，从1898年戊戌变法到1900年义和团运动，合起来算为一次革命高潮更为合适。

》 ·非一场革命说·

其如同太平天国不是一场革命一样。理由是：（1）旧式农民不代表先进生产力，不可能实行社会的根本变革。（2）革命除了指改变生产方式外，还指以进步政权代替反动政权，而义和团没有政权的观念，也没有夺取政权的计划和行动。（3）反帝就是革命的看法未必确切。古往今来，反抗外来侵略的斗争，是保卫祖国独立和民族利益的斗争，它与革命是两个不同的概念，不能混同为一。所以，义和团运动只是一次反帝爱国运动，而不是什么革命（运动）。

·第二次革命高潮?·

有的人认为，义和团运动虽说本身不是一次革命，但它属于被压迫民族的反帝斗争。这类斗争尽管发展程度不同，阶级力量不同，觉悟程度不同，但从总体看，它是世界反帝斗争的一个组成部分，属于资产阶级革命的准备阶段。从中国人民反帝反封建斗争的发展过程来看，义和团运动毕竟是一次反抗浪潮的高涨。所以，如果把革命一词作广义的理解，称之为一次革命高潮，或民族解放运动高潮，这也未尝不可。

有的人则认为，义和团运动不能算是近代中国的一次革命高潮。因为，如果说它是近代中国的第二次革命高潮，那么，从 1864 年太平天国失败后以来三十多年中，中国历史的进程就是为了酝酿、发动这样一个缺乏组织、缺乏思想指导、纯属自发的、散漫的"革命高潮"吗？这实在是令人难以置信的。事实上，19 世纪 60 年代以后，在中国社会里酝酿的变化是另一种运动，即中国的资本主义化运动。这开始是"洋务新政"；"洋务"的破产导致了变法维新的兴起，维新的失败又启发了民主革命的发生。所以，说义和团运动是第二次革命高潮，势必妨碍对洋务运动、戊戌变法作出实事求是的评价，还会使得对义和团运动的论述有所失真。但不承认它是一次革命高潮，并不意味要抹杀这次运动的历史作用。

戊戌政变导因于袁世凯告密吗？
WUXUZHENGBIANDAOYINYUYUANSHIKAIGAOMIMA

ZHONGGUOLISHIWENHUAWEIJIEZHIMI

1899年9月21日凌晨，慈禧太后自颐和园间道入西直门，直奔光绪的大内养心殿。她怒斥光绪说："我抚养汝二十余年，乃听小人之言谋我乎！"又大声唾骂道："痴儿，今日无我，明日安有汝乎？"她立传懿旨，以光绪不理万机为辞，再次宣布临朝训政，幽禁光绪于南海瀛台涵元殿。这就是近代史上有名的"戊戌政变"。

▶▶ ·慈禧太后为何突发宫廷政变·

最流行的说法是，谭嗣同夜赴法华寺，劝说袁世凯起兵勤王，围攻颐和园，劫持皇太后，杀死直隶总督荣禄。袁世凯佯作应允，可转过身就向荣禄告了密。荣禄星夜进京，闯宫告变。慈禧太后赶回皇宫，于是就发生了"戊戌政变"。

有的史料说，袁世凯告密后，荣禄不是闯宫告变，而是电奏慈禧太后的。颇有影响的《申报》报道说："康有为等曾奏请饬调新建陆军三千人，入京围颐和园，劫令皇太后改易服式，为天下倡……慰帅（袁世凯）微有所闻……密告荣中堂（荣禄），电奏皇太后，宫寝得免震动。"

▶▶ ·袁世凯否认告密·

但是，作为当事人的袁世凯，却一再否认这种说法。他在《戊戌日记》中，把自己说成是一

个无辜者，并不怎么知情。在他去天津的次日晚上，荣禄对他出示慈禧"训政"电，他这才得知政变"业已自内先发矣"。这与流行的"袁世凯告密，荣禄闯宫告变"的说法不同。日记为"政变"后第8天追记的，直到袁死后10年方才发表于《申报》，有谁还相信这个世人唾骂的"窃国大盗"的自我表白呢？

▶▶▶ ·慈禧因怕生变·

有人则认为，因害怕维新派与外国势力勾结，慈禧太后这才发动政变的。当时，日本前首相伊藤博文来访，许多京朝官员奏请光绪留伊藤博文为顾问官。9月20日，光绪接见伊藤博文。伊藤博文由康有为同乡好友、户部侍郎张荫桓引领，到班、上殿、下殿，他们拉手致意，引起了在帘内监视的慈禧的疑心。"伊藤果用，则祖宗所传之天下，不啻〔chì〕拱手让人？"何况，早就有康有为勾结日本谋劫太后之说，于是她果断发动了政变。

近年，房德邻在《戊戌政变史实考辨》中，认为：（1）慈禧于9月19日起从颐和园回宫，住在中南海，9月20日荣禄夜奔颐和园告变之事不可能发生。（2）荣禄得袁世凯密告，电奏太后之说不合朝廷奏事制度。自归政后，她那里已不再设专用电台。（3）政变当天，只下诏捉拿康有为和康广仁，不捉拿"谋乱要犯"谭嗣同，说明政变不是袁世凯告密所致。

洋务派到底是不是卖国集团？
YANGWUPAIDAODISHIBUSHIMAIGUOJITUAN

在清朝的同治、光绪年间，那些标榜"自富求强"、兴办洋务事业的人，因主张学习"洋务"，政治见解与顽固派不同，故而称之为"洋务派"。但19世纪晚期中法战争、甲午之战的先后失败，宣告了"洋务运动"的破产。洋务派与战争的失利有什么关系吗？它到底是不是一个卖国集团呢？

·不可一概而论·

　　洋务派本身是一个十分庞杂的集团，由于阶级利益和政治立场的区别，他们学习西方的目的和态度也有所不同。有的着眼于利用西方的"船坚炮利"来镇压人民革命；有的则侧重于寻求"富国强兵"之道来对付外国的侵略，带有资本主义的倾向。所以，对具体人物必须具体分析。就左宗棠来说，他具有强烈的爱国思想和民族自尊心，是早期地主阶级抵抗派"师夷之长技以制夷"主张的直接继承者。而有的人则一味崇洋媚外，卖国投靠，是可耻的卖国贼，曾国藩、李鸿章就是最突出的典型。有的人也认为，洋务派不是一成不变的，而是在发展变化的。洋务派开始以"师夷长技"来镇压人民革命，挽救清朝垂危的封建统治为基本特征，当人民革命被镇压下去，阶级矛盾缓和而外国列强加紧侵略，威胁清朝的统

治之时，洋务派集团开始分化了。除一些人逐渐转化为民族资本家和资产阶级改良主义者外，在洋务派核心人物中，分化为妥协和抵抗两种人。以李鸿章为代表主张对外妥协，以左宗棠为代表主张抵抗侵略。有的人还提出疑问，要是认为洋务派是一个卖国集团，那么，像左宗棠、丁汝昌、詹天佑、容闳、郑观应、薛福成、马建忠这些人，为什么他们成了爱国的将领、科学家和思想家呢？所以，笼统说洋务派是一个卖国集团，那是不符合历史事实的。

有人还认为，就是李鸿章、曾国藩这样的人也要进行分析。当清政府筹建海军之时，外国列强制定了一个控制中国海军的计划，成立了一个由阿思本指挥的"中英舰队"。这个恶毒计划就遭到曾国藩、李鸿章的激烈反对，清政府也最终把这个舰队遣散了。这就说明，连曾国藩、李鸿章之流同外国列强也是有矛盾的。实际上，曾国藩的洋务思想，在对外关系上，是以勾结妥协为主要方面，同时也有反抗侵略的一面，并不盲目崇洋媚外，卖身投靠外国。

·近代史上的中心内容·

是爱国主义还是卖国主义？是衡量政治人物和政治运动的重要尺度。曾国藩、李鸿章以及所主持的洋务运动，无论如何不可能属于爱国主义，而只能属于卖国主义。当然，有些洋务派头子，是敢于反抗外国侵略的，例如左宗棠、沈葆桢这些人。所以，不能笼统把洋务派当作卖国投降的同义语。

应该怎样看待历史上的 "清官"？

YINGGAIZENYANGKANDAILISHISHANGDEQINGGUAN

> 历来在老百姓眼里，清官是贪官的 "克星"，恨贪官、爱清官，是中国老百姓的普遍心理。那么，究竟应该怎样看待历史上的 "清官" 呢？

· "清官" 产生的原因 ·

有人认为，清官产生的原因，应该 "从经济关系和国家职能中去寻找"。从经济关系来看，统治者要维护和巩固他们的统治，必须使被剥削者有起码的生存条件。中国古代的政治家和思想家，在这个问题面前，不得不探索这个安危存亡攸关的大问题。清官的存在，是古代国家职能所需要的。为了维护和巩固统治，最主要的是依靠暴力。但历史证明，暴力过头，盘剥无限，又是招祸之源。失民而失政，是由统治者总结出来的历史经验和教训。一些有远见的人物提出，为了巩固政权，不仅靠 "猛"，还要用 "宽"，要宽猛并济。所谓清官，大多就是执行国家这种缓和职能而出现的一部分官吏。

有人则认为，清官产生的土壤，一是脆弱的小生产方式，这是清官生存的经济根源。二是专制主义的长期禁锢，这是清官生存的政治前提。三是封建小农落后意识，这是清官生存的思想基础。特别是广大的农民，他们自己不能掌握自己的命运，从而把希望寄托在别人身上。

还有人认为，封建时代的个别官员，为了维护统治阶级的整体和长远利益，有时公开站出来，阻止以至制裁个别豪强权贵的穷凶极恶的剥削压榨行为。

>>> ·对"清官"作用的评价·

多数人认为，清官的历史作用应该肯定。在政治上，清官奉职循理、清廉不苟、持法平慎，打击权奸豪横、惩治奸吏恶劣，多少能减轻人民的痛苦。在经济上，清官减轻赋役、兴修水利、招抚流亡、重视农桑，多少有利于生产的发展。正因为如此，农民起义对于清官，往往也采取保护的政策；有些农民军的行动，还受到清官的影响。但总的说来，清官的作用实际上是很小的。不必过分抬高清官的作用，说清官替人民着想，为民请命，不惜丢官，不怕杀头，这种看法是未必妥当的。

有人则认为，从本质上说，清官与贪官是一路货色。从现象上看，只不过一种采取的措施比较和缓，一种采取的措施比较暴虐而已。清官是作为统治阶级的一个翼，与贪官相比较、相对抗而存在的。他们反对超出法律的无止境的横征暴敛，却竭力维护法律所规定的剥削和压迫，他们始终把自己的活动，紧紧限制在法律所允许的范围之内，以巩固统治阶级的长治久安为前提。所以，尽管他们自己标榜"为民请命"，但迄今为止，还没有发现一个真正代表老百姓利益、而不代表统治阶级利益的清官。